ADAC
Reiseführer

Burgund

Von Edda und Michael Neumann-Adrian

EIN
ADAC
BUCH

Inhalt

Malerisches Dijon: das Restaurant ›Zur Alten Windmühle‹ in der Rue des Forges

Frische Produkte aus der Bresse: der erste Knoblauch im Jahr auf dem Markt von Louhans

Romanische Fresken in der Mönchskapelle von Berzé-la-Ville bei Cluny

Beeindruckender gotischer Raum: die Kathedrale St-Cyr-Ste-Julitte in Nevers

Burgundische Spezialität: Bootsfahrten auf dem fast 1200 km langen Kanalnetz

Dies und Das

Vézelay: Die Kapitelle erzählen

Burgund aktuell A bis Z

Festivalspektakel in Samt und Seide

Im Paradies der Kirchen und Keller

Burgund verwöhnt – mit seiner waldreichen **Landschaft** und den stillen **Dörfern** zwischen den Flüssen Saône, Loire und Seine. Und mit seinen **Städten**, die alle fußgängerfreundlich, geprägt von der Patina historischer Architektur und voller Leben sind. Burgund verwöhnt mit den **Weinbergen** der Côte d'Or, an denen einige der herrlichsten Rotweine der Erde gekeltert werden. Auch die Liebhaber von Weißwein haben ihre Freude: am Chablis und an den Reben von Pouilly-sur-Loire. Über 200 Weingüter öffnen ihre Keller zur ›dégustation‹, zur **Weinverkostung**, und die meisten noch gratis.

Für Gourmets: Produkte von heimischem Boden

Die burgundische **Gastronomie** gehört mit ihren ›produits de terroir‹, den frischen Produkten des eigenen Bodens, zu den besten im gelobten Lande der Gourmets. Warum sollte französische Küche immer so teuer sein wie an der Côte d'Azur oder in Paris? In Burgund wird der Gast an den Tisch gebeten, nicht über den Tisch gezogen. Burgund verwöhnt seine Gäste alle – die **Familien** mit Badeseen, Ferienparks und zahllosen Wanderwegen, die **Sportler** mit Wildwasser und Drachenflug, mit Reiterzentren und VTT-Routen (vélo tout terrain = Mountainbike), die **Golfer** mit einem Dutzend 18-Loch-Plätzen und die **Kunstfreunde** mit Museen, die in den letzten Jahren eine neue Qualität gewonnen haben – viele sind interessanter und einige beispielhaft modern geworden.

Eine burgundische Spezialität ist das **Netz der Kanäle**, das die Region vor zweihundert Jahren industriell erschloß. Heute wird es von **Freizeitkapitänen** und **Hausbootlenkern** befahren, ganz ohne Umstände und Steuermannspatent. Wer dazu noch sein Rad an Bord nimmt, legt ab zu einer besonders schönen Urlaubsvariante. **Ballonfahrer** schweben durch den burgundischen Himmel, Burgunds Erde öffnet sich für **Grotten-Fans** und **Höhlenforscher**.

Noch eine burgundische Spezialität: ein familiär gastliches Ambiente bieten die **Chambres d'hôtes**, die Quartiere auf einem Landgut, in einer ehemaligen Mühle, in Schlössern und urigen Burgtürmen – meistens zu deutlich geringerem Preis als in vergleichbaren Hotels.

Burgundische Lebensart: weinlaubumwachsene Häuser in La Rochepot (oben), stressfreies Leben in Chalon-sur-Saône (rechts oben) und weithin intaktes dörfliches Ambiente im Weinland – hier Vergisson (rechts unten)

Kirchen und Keller

»Gute Fahrt ins Paradies der Kirchen und der Keller!« riefen uns die Freunde nach, als wir zur jüngsten Burgund-Tour aufbrachen. Der **Keller**, sagt man in den diesem weinverliebten Land, ist der wichtigste Teil des Hauses und die Kellertreppe führt gerade ins Paradies.

Dadurch sollte man sich vom Weg zu den **Kirchen** und **Klöstern** nicht abbringen lassen. Das burgundische Erbe der **Romanik** und **frühen Gotik** ist berühmt. Es zählt nach Hunderten von Kirchen, und anders als in Deutschland oder in Italien wurden sie nicht allerorten barockisiert. Als im frühen 19. Jahrhundert auch in Frankreich die romantische Begeiste-

rung fürs Mittelalter aufflammte, hatte die Romanik den Nutzen davon.

Baufällige Kathedralen und von den Attacken der Grande Révolution und ihrer Bilderstürmer geschändete Skulpturen fanden in letzter Stunde ihre Retter. Auf vordersten Plätzen engagierten sich **Prosper Mérimée** (1803–1870, Autor der Erzählung ›Carmen‹) und **Eugène-Emmanuel Viollet-le-Duc** (1814–1879), der Wegbereiter der modernen Denkmalpflege.

Offenbarung und Rätsel liegen dicht beieinander, dringt man in die Bilderwelt der **romanischen Skulpturen** an den **Kapitellen** von Säulen und Pfeilern und in den **Bogenfeldern** über den Portalen der Kirchen ein. Vieles ist zerstört, doch mit einer Eindringlichkeit, zu der spätere Zeiten selten fanden, sprechen immer wieder die Szenen der Geburt und Passion Christi, die Gestalten der Apostel und die gemeißelten Visionen vom Jüngsten Gericht. Am Rande dieser Heilsbotschaft entdeckt man dann ganz anderes, Dämonen und fabelhafte Ungeheuer, eine mittelalterliche Phantasie-Welt, die noch längst nicht bis ins letzte entschlüsselt ist.

Alles eine Reise wert: die Basilique du Sacré-Cœur in Paray-le-Monial (unten), Autun mit den meisterlichen Skulpturen der Romanik (rechts oben: ›Eva‹) und das im 19. Jh. wiedererstandene Schloß von La Rochepot (rechts unten)

Kraft und Geheimnis der Kelten

Noch ein bis zwei Jahrtausende weiter zurück haben **Kelten** und **Galloromer** die Spuren ihrer Kultur und Kulte hinterlassen. Drachen mit Schlangenleibern und Pferde mit Menschenköpfen, aber auch Lebensbäume kennt man aus dem keltischen Gallien. Bei **Bibracte** und **Alesia**, heute **Mont Beuvray** [Nr. 52] und **Alise-Ste-Reine** [Nr. 43], trifft man auf zwei der wichtigsten Stätten keltischer Vergangenheit auf französischem Boden. François Mitterrands Gespür für die symbolische Kraft, die bestimmten Orten eigen ist, gab den Ausschlag zur Gründung des ›Musée de la Civilisation Celtique‹ am Mont Beuvray und eines benachbarten Forschungszentrums.

In Bibracte hatten im Jahr 53 v. Chr. die Fürsten der keltischen Stämme den Averner **Vercingetorix** zu ihrem ›Kommandierenden General‹ im Verteidigungskampf gegen Cäsars Legionen gewählt – vergeblich, wie man weiß. Für sportliche Kelten-Freunde wurde 1996 ein 120 km langer Weg ›Bibracte-Alesia‹ eröffnet, auf dem man dem Marsch des Vercingetorix zum Ort seiner Niederlage folgen kann – zu Fuß, zu Rad oder zu Pferd.

Anders als diese kriegerischen Schauplätze sind die Poesie der **Druiden** kaum und die ursprüngliche **keltische Religion** nur bruchstückweise dokumentiert, die Gestalten keltischer Gottheiten zum Beispiel oft von römischen überformt. Anrührende Zeugnisse keltischer Quellen-Verehrung werden in **Dijon** [Nr. 1] be-

wahrt: holzgeschnitzte Votivfiguren, die zwei Jahrtausende im moorigen Grund der Seine-Quellen überdauerten.

Spirituelles: Vom hl. Bernhard bis zu den Buddhisten von La Boulaye

Früh predigten christliche Missionare in der gallorömischen Provinz Gallia Lugdunensis (sie reichte von der Rhône bis zum Atlantik und war benannt nach dem jetzigen Lyon). Viele wurden zu Märtyrern, und ihre Reliquien ruhen bis heute in burgundischen Kirchen. Aus Burgund, das seinen klangvollen Namen erst im 5. Jh. n. Chr. nach einem versprengten Germanenstamm bekam, gingen im 11. und 12. Jh. von den **Reformzentren Cluny** [Nr. 12] und **Cîteaux** [s. S. 25] unentbehrliche Impulse für die katholische Kirche aus. **Bernhard von Clairvaux**, um 1090 bei Dijon geboren, einer der großen Mystiker des Mittelalters, war zugleich auch politisch aktiver Kirchenführer, gründete 68 Zisterzienserklöster und wurde 1174 heiliggesprochen.

Welche Region Europas hat nicht ihre Heiligen, ihre Kirchen und Wallfahrten? Heute ist im katholischen Burgund die Zahl aktiver Christen ähnlich gering wie anderswo in Frankreich. Wegen zweier erst im 20. Jh. heiliggesprochener Frauen pilgern jedoch Hunderttausende nach **Paray-le-Monial** [Nr. 18], dem Ort der Visionen der Marguerite-Marie Alacoque, und nach **Nevers** [Nr. 21] – dort starb Bernadette Soubirous, mit deren Marienerscheinungen der Lourdes-Kult begann. Ihre Geschichte erzählte 1941 **Franz Werfel** in seinem Roman ›Das Lied von Bernadette‹, zum Dank für seine Rettung vor dem Hitler-Regime.

Zur gleichen Zeit begann damals im burgundischen Dorf Taizé der Schweizer Roger Schutz die ›**Communauté de Taizé**‹ [s. S. 51], über die Grenzen der Konfessionen hinaus aufzubauen. Sein ökumenisches Werk arbeitet für Versöhnung und zieht Jahr um Jahr junge Menschen aus allen Ländern nach Burgund.

Ein letztes Beispiel für die Vitalität des Spirituellen: den ›Tempel der tausend Buddhas‹ bei **La Boulaye** [Nr. 16] südlich von **Autun** [Nr. 15] kann man seit Ende der achtziger Jahre besuchen – tibetischer Buddhismus in Burgund.

Herzöge und andere Prominente

Burgund: eine Großmacht in der europäischen Politik? Die Zeiten haben sich geändert, aber im 15. Jh., dem ›**Jahrhundert der großen Herzöge**‹, reichte das Land bis zur Nordsee. Die Tochter Karls des Kühnen war mit dem habsburgischen Kaiser verheiratet, und der Orden vom Goldenen Vlies, 1429 von Herzog Philipp dem Guten gestiftet, wurde zur exklusivsten Adelsrunde des Abendlandes. Authentische Zeugnisse dieser Ära sind der **Herzogspalast in Dijon** und das **Hôtel-Dieu**, das wohlerhaltene mittelalterliche Krankenhaus in **Beaune** [Nr. 5] mit seinem auf zahllosen Prospekten glänzenden Buntziegeldach.

Zu der burgundischen Prominenz der späteren Jahrhunderte gehörten Wissenschaftler wie der Naturforscher **Georges Louis Leclerc de Buffon** und der Sprachforscher **Pierre Athanase Larousse**, Urvater ganzer Generationen von Wörterbüchern und Enzyklopädien. Prominente Autoren waren der Nobelpreisträger und Pazifist **Romain Rolland** und die Erzählerin **Sidonie-Gabrielle Colette**.

Die Industriellen-Dynastie Schneider schuf um **Le Creusot** [Nr. 14] mit Kohle und Stahl ein burgundisches ›Ruhrgebiet‹. Heute produziert und exportiert Burgund eine breite Palette industrieller Güter im High-Tech-Bereich. Gleichzeitig aber gelang das Kunststück, das ländlich-traditionelle Bild der Region zu bewahren. Die burgundische Industrie ist nicht unsichtbar, aber vielerorts scheint sie es beinahe zu sein. In Dörfern, die von der nachwachsenden Generation verlassen werden, suchen sich mehr und mehr Auswärtige ihre Zweitwohnung.

Zu jeder Kanal-Reise gehören die Pausen in den Schleusen (oben), zu jeder Stadterkundung eine kleine Rast im Restaurant (unten: an der Maison de Bois in Mâcon).

Links: *Fahnen- und Wappenschmuck in den Straßen von Beaune*

L'Art et le Plaisir de vivre

All das gehört zu Burgund, und vieles bleibt unvergeßlich: Hausboote scheinbar durch Wiesen schwimmen sehen, die weißen Flecken der Charolais-Rinder auf den Weiden, auf den Jahrmarkten die Stände, an denen man mit einer Boulekugel ein Ei trifft und damit eine Flasche Sekt gewinnt, die verschwenderische Blütenpracht der Schwertlilien im Frühjahr und die Feste zur Weinlese im Herbst, die Eleganz der Schlösser und ihrer Parks mit Wassergräben, Pavillons und jahrhundertealten Bäumen.

›L'Art et le Plaisir de vivre‹, die Kunst und die Freude zu leben, das ist mehr als nur ein touristischer Slogan. Frei übersetzt könnte man auch sagen: Burgund – die Kunst der Lebensfreude.

Der Reiseführer

Dieser Band stellt das im Herzen Frankreichs gelegene **Burgund** in *sechs Kapiteln* vor. Die Autoren beginnen ihre **Rundfahrt** an der *Côte d'Or* im Osten, in *Dijon*. Im Uhrzeigersinn setzen sie die Reise über die Départements *Saône-et-Loire, Nièvre, Yonne* und den nördlichen Teil der Côte d'Or fort, um mit einer Fahrt durch den *Morvan-Naturpark* im Zentrum zu enden.

Übersichtskarten und Stadtpläne erleichtern die Orientierung. Besondere Empfehlungen zu Sehenswürdigkeiten, Hotels, Restaurants etc. bieten die **Top Tips**. Den Besichtigungspunkten sind **Praktische Hinweise** sowie Hotel- und Restaurantadressen angegliedert. Der **Aktuelle Teil** bietet alphabetisch geordnet Nützliches von Informationen vor Reiseantritt über kulinarische Empfehlungen, Wissenswertes zum burgundischen Wein, Sprachführer und Sportmöglichkeiten. **Kurzessays** zu einzelnen Themen runden den Reiseführer ab.

Geschichte, Kunst, Kultur im Überblick

18000–15000 v. Chr. Besiedelung am Felsen von Solutré bei Mâcon (Funde von Steinwerkzeugen und Knochen).

8./7. Jh. v. Chr. Kelten siedeln in der Region (Hallstatt-Zeit), Warenaustausch mit dem Mittelmeerraum (Funde von Vix bei Châtillon-sur-Seine).

Römer und Gallorömer

125–122 v. Chr. Rom erobert das keltische Gallien von der Provence bis zum Genfer See.

59–52 v. Chr. Cäsar unterwirft die nördlichen gallischen Gebiete bis zum heutigen Belgien.

58 v. Chr. Cäsars Sieg bei Bibracte (Oppidum der Häduer, heute Mont Beuvray) über die keltischen Helvetier.

52 v. Chr. Der gallische Fürst Vercingetorix (aus dem Stamm der Averner) und sein Heer werden bei Alesia von Cäsar besiegt. Cäsar schreibt sein Werk ›Der gallische Krieg‹.

1.–4. Jh. n. Chr. Gallorömische Epoche: Das Land wird romanisiert. Römische Städte wachsen: Autun (gegründet um 15 v. Chr.), Mâcon, Nevers, Auxerre, Alesia. Der Weinbau floriert.

4. Jh. Christianisierung in mehreren gallo-römischen Zentren.

In einstiger Größe: die Kirche von Cluny

5. Jh. Zeit der Völkerwanderung. Die ostgermanischen Burgunder sind von der Ostsee an den Rhein gezogen, ihr Königreich um Worms wird 437 von hunnischen Heeren vernichtet. Überlebende Burgunder siedeln auf Betreiben der Römer im Gebiet des heutigen Savoyen. Das neue Königreich Burgund dehnt sich aus und gibt dem Land den Namen Burgund, der später nur im Gebiet der heutigen Bourgogne erhalten bleibt.

Merowinger und Karolinger

532 Der Burgunderkönig Godomar wird bei Autun von den fränkischen Merowingern geschlagen, die über Gebiete des heutigen Belgiens, Deutschlands und Frankreichs herrschen. Binnen weniger Jahrzehnte wird die Einheit des Merowinger-Reichs durch Erbstreit und Intrigen zerstört, Burgund entsteht neu als eines von drei Teilreichen.

Ende 8. Jh. Karl der Große aus der Familie der fränkischen Karolinger schließt die Territorien zwischen Elbe, Atlantik, Pyrenäen und Oberitalien zu einem Reich zusammen.

843 Im Vertrag von Verdun wird das Reich Karls aufgeteilt. Burgund gehört nun teils zum Westfrankenreich, teils zum Mittelreich und erstreckt sich nach Süden bis zur Provence.

9.–10. Jh. Zeit der Normannenüberfälle. Auf ihren Booten fahren sie flußaufwärts ins Land und plündern Städte, Dörfer und Klöster, töten oder entführen die Bewohner.

Ende 9. Jh. Die Königreiche Niederburgund (zwischen Lyon und der Mittelmeerküste) und Hochburgund entstehen; das Lehnsherzogtum Burgund ist von der Westfränkischen Krone abhängig.

910 Gründung der Benediktinerabtei Cluny, von der im 11./12. Jh. nicht nur eine Reform des Benediktinerordens, sondern auch starker moralischer und politischer Einfluß in Europa ausgeht.

Hochmittelalter

934–1033 Beide burgundischen Königreiche sind zum ›Königreich Burgund‹ oder ›Arelat‹ vereinigt, das sich

1098: Gründung von Cîteaux, dem Mutterkloster des Zisterzienserordens

von der Schweiz bis ans Mittelmeer erstreckt. Daneben besteht das Herzogtum Burgund ungefähr auf dem Territorium der heutigen Bourgogne in enger Verbindung mit dem französischen Königtum.

1032 Das burgundische Herzogtum fällt an eine Nebenlinie des französischen Königshauses, die Kapetinger.

1032–34 Das Königreich Burgund gehört durch Erbfall zum Deutschen Reich.

11. Jh. Große frühromanische Kirchenbauten in Burgund: St-Philibert in Tournus, St-Bénigne in Dijon.

11./12. Jh. Nach dem Vorbild der Abteikirche von Cluny III (heute fast ganz zerstört) entstehen in reichem, eindrücklich ornamentiertem Stil die Kirchen von Paray-le-Monial, Vézelay und St-Lazare in Autun.

1098 In Cîteaux wird der Zisterzienserorden gegründet, als asketische Gegenbewegung zu den Ordensregeln von Cluny, dessen Baustil die Zisterzienser als ›anmaßend‹ und ›monströs‹ kritisieren. Der Zisterzienserorden gründet in den nächsten drei Jahrhunderten Filialklöster in ganz Europa.

12. Jh. Spätromanischer, asketisch klarer Baustil der Zisterzienserklöster (Cîteaux, Clairvaux, Fontenay).

1146 Bernhard von Clairvaux vom Orden der Zisterzienser (um 1090–1153, führender Kirchenlehrer und Mystiker, 1174 heiliggesprochen) ruft in Vézelay zum Zweiten Kreuzzug auf.

1178 Kaiser Friedrich Barbarossa wird in Arles zum König von Burgund gekrönt.

12./13. Jh. Von Norden dringt der gotische Baustil nach Burgund vor: Kathedrale von Sens, St-Etienne in Auxerre, Notre-Dame in Dijon, St-Père-sous-Vézelay.

1361 Im Herzogtum Burgund stirbt die Linie der Kapetinger aus.

Die ›Großen Herzöge‹ 1363–1477: Blütezeit Burgunds

1363 Die Epoche der ›Vier großen Herzöge‹ beginnt: Der französische König Johann der Gute übergibt die Herrschaft seinem Sohn Philipp dem Kühnen aus der Familie Valois. Das Herzogtum umfaßt auch die seit 1032 unter deutscher Lehnshoheit stehende Franche-Comté (Freigrafschaft Burgund), das östliche Gebiet um Besançon.

1369 Philipp der Kühne (reg. 1364–1404) heiratet die Erbin von Flandern, Margarete.

1384 Das reiche Flandern gehört zum Herzogtum Burgund, der große Einfluß

Burgundischer Besitz zur Zeit der Großen Herzöge (1363–1477)

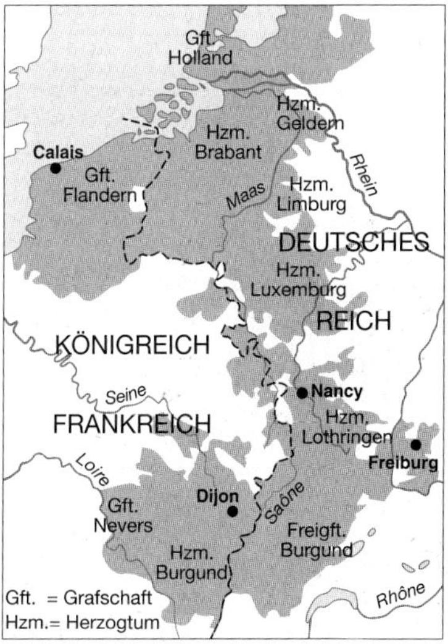

Philipp der Kühne reg. 1363–1404

Johann Ohnefurcht reg. 1404–1419

Philipp der Gute reg. 1419–1467

Karl der Kühne reg. 1467–1477

flandrischer Kunst und Kultur in der Bourgogne beginnt. In den folgenden Jahrzehnten gewinnt Burgund auch die Herrschaft über Brabant, die Picardie, den Hennegau und das Herzogtum Luxemburg sowie die Grafschaft Holland bis zu den Inseln Texel und Vlieland.

14. Jh. Spätgotik. Flandrische Künstler arbeiten in Burgund (Kartause von Champmol in Dijon, Mosesbrunnen von Claus Sluter). Der Flamboyantstil prägt Ende des Jahrhunderts die Architektur.

1404–67 Während der Herrschaft der Herzöge Johann Ohnefurcht (reg. 1404–19) und Philipp des Guten (reg. 1419–67) wird das französische Königtum im sog. Hundertjährigen Krieg mit England (1339–1453) geschwächt. Das Herzogtum Burgund wird ein starker politischer Faktor zwischen den deutschen Ländern und dem Königreich Frankreich. Nicolas Rolin, 1376–1462, einflußreicher Kanzler Philipps des Guten, ist maßgeblich beteiligt an der Beendigung des Hundertjährigen Kriegs.

um 1450 Rogier van der Weyden vollendet das ›Jüngste Gericht‹ für das Hôtel-Dieu in Beaune, eine Stiftung des Kanzlers Nicolas Rolin. 1451 wird die Kapelle des Hôtel-Dieu geweiht.

1467–77 Karl der Kühne (geb. 1433 in Dijon), der letzte der ›Großen Herzöge‹, versucht, auch elsässische und lothringische Gebiete zu erwerben, um einen großen Staat von den Alpen bis zur Nordsee zu schaffen. Ohne sein Ziel zu erreichen, fällt er im Kampf gegen die schweizerischen Eidgenossen und die Lothringer vor Nancy.

1477 Durch die Heirat mit Maria, der Tochter Karls des Kühnen, erbt der deutsche Kaiser Maximilian von Habsburg das Herzogtum Burgund mit seinen niederländischen Besitzungen.

Burgund wird französisch

1493 Der Kaiser muß die französische Bourgogne an Frankreich abtreten, behält jedoch Flandern und die übrigen niederländischen Gebiete. Gegenüber dem französischen König wahrt das Herzogtum Burgund eine gewisse Selbständigkeit (Parlament in Dijon).

16. Jh. Als Folge der Reformation wird Frankreich von Religionskriegen erschüttert, auch in Burgund zerstören fanatisch gegen die Heiligenverehrung vorgehende Bilderstürmer mittelalterlichen Figurenschmuck in den Kirchen. Der burgundische Hochadel baut sich Landsitze im Renaissancestil nach dem Vorbild der Loire-Schlösser (Sully, Ancy-le-Franc, Tanlay).

1631 Die Prinzen von Condé regieren als Gouverneure des französischen Königs (bis zur Französischen Revolution).

Graf von Buffon (1707–1788)

Nicéphore Niepce (1765–1833)

1683 Jean-Philippe Rameau in Dijon geboren (gest. 1764 in Paris), Komponist, Organist und Musiktheoretiker.

1707 Georges Louis Leclerc, Graf von Buffon, in Montbard geboren (gest. 1788 in Paris), Naturforscher, Techniker, Verfasser großer naturkundlicher Werke.

1765 Joseph Nicéphore Niepce in Chalon-sur-Saône geboren (gest. 1833 in

Das Acker- und Weinland erhält ein industrielles Zentrum: In den Hüttenwerken von Le Creusot, 1858

Gras bei Chalon), erster Erfinder der Fotografie (1816).

1789 Die Revolutionsregierung führt Départements ein. Das burgundische Territorium ist endgültig ein Teil Frankreichs, der Name Burgund hat keine politische Bedeutung mehr. In den folgenden Jahren werden geistliche Besitztümer enteignet, teils zum Abbruch freigegeben (Cluny). Radikale Kirchengegner zerstören Kirchen und Heiligenstatuen.

1790 Alphonse de Lamartine in Mâcon geboren (gest. 1869 in Paris), frühromantischer Dichter, Politiker.

1832 André Gustave Eiffel in Dijon geboren (gest. 1923 in Paris), Ingenieur, Erbauer des Eiffelturms.

1836 Erwerb von Hüttenwerken in Le Creusot durch die Familie Schneider. Steinkohle wurde im Nachbarort Montcénis schon seit dem 18. Jh. gefördert, jetzt entsteht ein Industriezentrum.

1866 Romain Rolland in Clamecy geboren (gest. 1944 in Vézelay), Schriftsteller (Roman ›Jean Christophe‹) und Kriegsgegner. Nobelpreis 1915.

1873 Sidonie Gabrielle Colette in Saint-Sauveur-en-Puisaye geboren (gest. 1964 in Paris), Romanautorin (›Gigi‹).

1878 Schwere Krise des Weinbaus durch die aus Amerika eingeschleppte Reblaus. Neubepflanzung mit dem Ziel der Qualitätssteigerung.

1934 Gründung der Weinbruderschaft ›Confrérerie des Chevaliers du Tastevin‹ (1944 Kauf des Schlosses Clos de Vougeot).

1940 Der junge Schweizer Roger Schutz kommt nach dem Studium der Theologie nach Taizé und gründet dort wenig später die ›Communauté de Taizé‹. Der Ort ist bis heute überkonfessionelle Begegnungsstätte.

1940–42 Im Zweiten Weltkrieg verläuft die Grenze zwischen dem besetzten Gebiet und Vichy-Frankreich durch Burgund, 1942 marschieren deutsche Truppen auch im unbesetzten Teil ein. Besonders im Morvan sind Widerstandsgruppen aktiv.

1971 Der ›Parc Naturel Régional du Morvan‹ entsteht, einer der größten Naturparks Frankreichs.

1972 Unter dem Staatspräsidenten Charles de Gaulle wird Frankreich, ungeachtet der weiterbestehenden Départements, in Regionen eingeteilt. Die Région Bourgogne entspricht im wesentlichen den alten historischen Grenzen des Herzogtums (ohne Franche-Comté).

1982 Auf der Strecke Paris–Lyon wird auch Burgund an das Netz des Hochgeschwindigkeitszugs TGV angeschlossen.

1984 Stillegung der Stahlwerke von Le Creusot. Der Ort wird ein Zentrum moderner Technologien und zeigt touristisch interessante Industriedenkmäler.

1994/95 Bibracte-Mont Beuvray, seit 1985 eines der großen Kulturprojekte François Mitterrands, wird mit Forschungszentrum (1994) und keltischem Museum (1995) eröffnet.

Sehenswürdigkeiten

Côte d'Or (I): Burgen und Burgunderreben

Früher einmal war dies die ›Côte d'Orient‹, nach dem östlichen Hang des Kalksteinplateaus südlich von Dijon so genannt. Die Winzer haben sie zur Côte d'Or verwandelt, zu einer **Goldküste der Premier-Cru- und Grand-Cru-Weine**. Auf rund 60 km Länge zwischen Dijon und Chagny erstrecken sich die Rebhänge mit weltweit berühmten Lagennamen wie **Nuits-St-Georges** oder **Gevrey-Chambertin**. Auch in ihrem Hinterland, den ›Hautes Côtes‹, wachsen rassige Burgunderweine. Zugleich ist dieses Hinterland reich an idyllischen Waldtälern, mittelalterlichen oder mittelalterlich restaurierten Burgen sowie an Wanderwegen und Kletterfelsen.

Wie die anderen drei Provinzen der Region Burgund ist das **Département Côte d'Or** eine Folge der Französischen Revolution. Außer der Côte d'Or im geographischen Sinn gehören hierzu noch andere Landschaften: **Val de Saône** (= Saône-Tal, südöstlich von Dijon), das stille **Pays de Vingeanne** und das **Pays des Trois Rivières** im Nordosten, Teile des **Morvan**, das an Schlössern und Abteien so reiche **Auxois** und im Norden das **Châtillonnais**, am Oberlauf der Seine.

In diesem Département leben auf 8765 km^2 rund eine halbe Million Menschen, das heißt fast jeder dritte Einwohner Burgunds. Die Côte d'Or ist eine **Wachstumsregion**, mit mehreren tausend neuen Arbeitsplätzen vor allem im Großraum von Dijon. Wein und hohe Lebensqualität bestimmen das Image, allerdings sind wenig mehr als 12000 Menschen in der Landwirtschaft und im Weinbau beschäftigt (6,5% der Berufstätigen, dagegen 28% in der Industrie und 65,5% im Dienstleistungsbereich). **Dijon** ist die Hauptstadt des Départements und zugleich Hauptstadt der Region Burgund mit TGV-Anschluß, Flugplatz und demnächst einem riesigen Container-Knotenpunkt Straße/Bahn bei Gevrey-Chambertin.

Touristisch übt die Côte d'Or mit ihrer Landschaft, ihrem Kunsterbe und ihren Weinen die stärkste Anziehungskraft in Burgund aus, für Gäste aus Südwestdeutschland auch als sehr beliebtes Ziel von Wochenendausflügen.

1 Dijon *Plan siehe hintere Umschlagklappe*

Eine Hauptstadt mit menschlichem Maß und einzige Großstadt Burgunds – überreich an Architektur und Kunstschätzen.

In der historischen Altstadt gilt seit 1966 ein 97 ha großer Bereich als ›Secteur Sauvegarde‹: dies ist **eine der größten Denkmalschutzzonen Frankreichs**. Vor zwei Jahrzehnten noch heruntergekommen, düster und vom Verkehr erstickt, ist Dijons Stadtkern heute wieder attraktiv geworden. Er ist geradezu ein Musterbeispiel für Denkmalschutzarbeit, die den Blick nicht nur auf das historische Mauerwerk richtet, sondern auch auf das aktuelle Leben hinter diesen Mauern.

Marie-Claude Pascal, verantwortlich für die Sicherung des Architekturerbes wie für Behutsamkeit bei der Erneuerung ganzer Stadtquartiere, berät Hausbesitzer und Geschäftsleute, setzt Prämien für Fassadengestaltung aus, drängt darauf, die Fußgängerzone zu erweitern. Eines der jüngsten Restaurierungs-Glanzstükke: die **Erneuerung der Markthalle**. 1873 nach Pariser Vorbild erbaut, wurde sie 1993/95 detailgenau restauriert. Jetzt sind ›les halles‹ ein neuer Treffpunkt im Stadtleben.

Geschichte Kontinuität über zwei Jahrtausende hin: Wo im Mittelalter die stolzen Valois-Herzöge ihren Palast bauten und noch heute die Stadt verwaltet wird, hatten einst die **Römer** ihr Castrum Divio (von ›fons divinus‹, göttliche Quelle?). Mit der Gründung der Abtei St-Bénigne im Jahr 525 gewann der gallo-

Vorhergehende Doppelseite: *Semur-en-Auxois*

Von goldgeflügelten Engeln umstellt: Claus Sluters lebensgroße Skulpturen der Burgunderherzöge auf ihren prunkvollen Sarkophagen im Palast zu Dijon

römische Siedlungsplatz an Bedeutung. Ein Halbjahrtausend später wurde er **Hauptstadt der kapetingischen Herzöge** (1015). Als nach wiederum fast 500 Jahren Burgund der französischen Krone unmittelbar unterstellt wurde (1493), erhielt es Privilegien wie ein Parlament und eine eigene Gerichtsbarkeit, mit Sitz in Dijon. Seit 1631 residierten die **Prinzen von Condé** als Gouverneure.

Durch den kurz vor der Revolution begonnenen **Canal de Bourgogne** wurde Dijon nach Jahrzehnten des Niedergangs 1832 zur Hafenstadt, 1851 folgte der Eisenbahnanschluß auf der Strecke Paris–Marseille. Einen Namen machte sich die Stadt auch **kulinarisch**: für Senf und Senfspezialitäten, Honigkuchen und Kir, ein Getränk auf der Basis von Johannisbeerlikör. Dijons Aktivitäten heute: Verwaltung der Region Burgund und des Départements Côte d'Or, Handel und High-Tech-Produktion, Tourismus und Kultur, mit einer Universität, neun Museen, mit Theater und Oper.

Besichtigung Herzstück Dijons ist der **ehem. herzogliche Palast**. ① (Palais des Ducs et des Etats de Bourgogne), in dessen Mauern heute u.a. das Musée des Beaux-Arts untergebracht ist. Er wird überragt vom markanten **Turm** Philipps des Guten aus dem 15. Jh. – ein fulminanter *Rundblick* über die Côte d'Or lohnt den 316-Stufen-Aufstieg (Ostern bis Nov. 9–12 und 14.30–17.30 Uhr, winters eingeschränkt, Tel. 03.80.74.52.70). Die klassisch-kühle **Repräsentationsfassade** des Herzogpalasts vom Ende des 17. Jh. entwarf Jules Hardouin-Mansart, der Stararchitekt Ludwigs XIV., der auch das Halbrund des **Vorplatzes** gestaltete (heute: Place de la Libération). Mittelalterlich sind die **Küchengewölbe**, der **Innenhof** (Cour de Bar) mit dem Turm, vor allem aber die beiden monumentalen **Sarkophage der Burgunderherzöge**, Meisterwerke der Skulptur um 1400.

Der kreativste der an den Grabmonumenten tätigen Künstler war der Niederländer **Claus Sluter**, der mit seiner einfühlsam realistischen Darstellung – man blicke nur auf die Reihe der Trauernden und ihre individualisierende Gestaltung! – zu einem ›schönen Stil‹ fand, bereits der italienischen Renaissance verwandt. Die Marmorsarkophage mit den überlebensgroßen Gestalten **Philipps des Kühnen** und **Johann Ohnefurchts** (mit seiner Frau **Margarethe von Bayern**) befanden sich ursprünglich in der Grablege der Chartreuse (= Kartäuserkloster) von Champmol westlich von Dijon, erlitten während der Revolution schwere Schäden, konnten aber um 1820 restauriert werden.

Der wappengeschmückte ehem. Festsaal der herzoglichen Residenz, die ›**Salle des Gardes**‹ mit den Grabmälern, ist heute Teil des **Musée des Beaux-Arts**, dessen überbordend reiche Kunstsammlung mehrere Stockwerke im Ostflügel des Palais Ducal füllt, samt ausgebautem Dachgeschoß. Von **mittelalterlichem Kunsthandwerk** bis zu den französischen Meistern aus dem **19. und 20. Jh.** erwartet den Besucher eine Fülle von Entdeckungen, sowohl Kuriositäten als auch Meisterwerke, zum Beispiel von Delacroix, Odilon Redon, Rodin, Modigliani, Picasso (Mi-Mo tgl. 10–18 Uhr, Tel. 03.80.74.52.70).

Beim Palast liegen die **Place Rameau** mit dem **Denkmal** des in Dijon geborenen großen Barockkomponisten **Jean-Philippe Rameau** (1683–1764), das klassizistische **Theater** von 1810/20 – dem Bau wurde Dijons kostbare Ste-Chapelle aus dem 11. Jh. geopfert – und in der Rue Vaillant auch gleich wieder ein Museum, das **Musée Rude** ②. Die expressiv-pathetischen Werke des aus Dijon gebürtigen Bildhauers **François Rude** (1784–1855), der auch die ›Marseillaise‹-Skulptur auf dem Arc de Triomphe in Paris schuf, werden in der ehem. Kirche St-Etienne gezeigt. (8, rue Vaillant, Juni–Okt. Mi–Mo 10–12 und 14–17.45 Uhr, Tel. 03.80.74.52.70).

Ein Stück weiter östlich schließt die Doppelturm-Fassade von **St-Michel** ③ die Straßenperspektive ab, wegen ihrer zweihundertjährigen Bauzeit in einer eigentümlichen Stilkoexistenz von Gotik und Renaissance (um 1500).

Ins **Viertel Notre-Dame** kommt man, wenn man sich nördlich und dann wieder westlich hält – es ist eine Gegend zum Bummeln zwischen Fachwerkgiebeln, Runderkern und Treppentürmchen, Antiquitätenläden und Pubs (›**Brighton**‹, 33, rue Auguste-Comte, bis 3 Uhr). Alle haben sie nostalgischen Charme: die Rue Vannerie (= Korbmacher), die Rue Chaudronnerie (= Kupferschmiede), mit den Fassadenfiguren der ›**Maison des Cariatides** ④ im Haus Nr. 28, die Rue Verrerie (= Glasbläser) und die krumme Rue de la Chouette (= der Eule) unter dem hohen Schiff von Notre-Dame.

Notre-Dame und Markt

Die Eule zu streicheln, möglichst mit der linken Hand, bringt Glück, und darum ist die kleine steinerne Figur am Strebepfeiler der **Kirche Notre-Dame** ⑤ auch kaum noch erkennbar. Eingezwängt in das Viertel der Händler und Handwerker ragt die einzigartige **Fassade** mit viel-

Die Riege der ›falschen‹ Wasserspeier über dem Westportal der Kirche Notre-Dame – gotische Steinmetzkunst, die im 19. Jh. vor dem gänzlichen Verfall gerettet wurde

Im vitalen Herzen der Altstadt von Dijon: Die Rue des Forges – die Schmiedestraße – mit ihren vielen geschichtsträchtigen Häusern, Fachwerkfassaden und Stadtpalästen

zähligem *gotischen Figurenschmuck* auf, ›falschen‹ *Wasserspeiern* vor allem, von den Restauratoren des vorigen Jahrhunderts aufs sorgsamste erneuert.

Notre-Dame-de-Bon-Espoir, die **Schwarze Madonna** aus dem 12. Jh., ist die *Schutzpatronin Dijons* und gilt als eine der ältesten hölzernen Marienskulpturen Frankreichs. Stadtsymbol ist auch die Figur des **Jacquemart**, der stündlich die Glocke anschlägt, eine Kriegsbeute Philipps des Kühnen nach der Schlacht von Courtrai (= Kortrijk, 1382). Die Dijoner stellten ihm später Weib und Kinder zur Seite, Jacqueline, Jacquelinet und Jacquelinette.

Sprühend von Leben präsentiert sich die Rue Musette, mit ihren Kleiderhändlern, Confiserien und Bouquinisten. Ein kurzer Abstecher führt zur prächtig erneuerten **Markthalle** ⑥ [s. S. 18], am besten vormittags, wenn sich alles zur pittoresken Fülle der Käse-, Gemüse-, Fisch-, Fleisch- und Gebäckstände drängt. Dienstags, freitags und samstags ist auch in den Straßen rundum Markttag.

Weiter geht es auf dem Altstadtrundgang durch die Rue des Forges (= der Schmieden), wo fast jedes Haus seine Geschichte hat – so auch das **Hôtel Chambellan** ⑦, mit spätgotischem Innenhof und einem Treppenturm, wie man in ganz Burgund keinen schöneren finden wird (hier befindet sich auch das Office de Tourisme). Die Namen und – in Kurzform – die Geschichten der ›Hôtels particuliers‹, der Stadtresidenzen reicher Herren, stehen auf Metalltafeln zu lesen. Ein

Treffpunkt ist die **Place François-Rude** ⑧ mit dem **Bareuzai-Brunnen** – Bareuzai ist der ›Traubentreter mit den roten Socken‹ – an der Rue de la Liberté, der Straße der Kaufhäuser und Läden. Das älteste, schon 1831 gegründete **Warenhaus** Dijons heißt **›Au Pauvre Diable‹** ⑨ (Zum armen Teufel).

Wer Jugenstilarchitektur liebt, geht zur weiträumigen Place Grangier hinüber und findet auf dem schmalen Grundstück zwischen Rue du Château und Rue du Temple das originellste **Art-nouveau-Wohnhaus** ⑩ Burgunds mit exotischen Pavillondächern über den Dacherkern (Architekt: Louis Perreau, um 1906). Vom selben Architekten stammt auch das 1995 restaurierte **Hôtel de la Poste** an der anderen Platzseite in der Rue du Château.

Südlich des Zentrums: noch mehr Museen

Südlich der Place Darcy begegnet man den aktuellen Zeugen der frühen burgundischen Vergangenheit: das **Musée Archéologique** ⑪ in der ehem. Abtei St-Bénigne ist besonders reich an keltischen, römischen, merowingischen Funden, z. B. die am Quellheiligtum der Seine [s. S. 114] ergrabenen hölzernen *Votivfiguren* aus dem 1. Jh. n. Chr. oder der *Münzschatz von Verdonnet*, 1982 gefunden (5, rue du Docteur Maret, Juni–Sept. Mi–Mo 9.30–18, Okt–Mai 9–12 und 14–18 Uhr, Tel. 03.80.30.71.57).

Seit der Erneuerung der Markthalle ist Dijon um ein urbanes Zentrum reicher

In der benachbarten **Kathedrale St-Bénigne** ⑫ trifft man auf älteste Bauschichten burgundischen Christentums: Unter der Kathedrale aus dem 13. Jh. liegen Reste mindestens zweier älterer Kirchen, mit der geräumigen *Krypta* des 11. Jh. und dem *Märtyrergrab* des Apostels von Burgund, des hl. Benignus (gestorben 179 n. Chr.). Vögel und Vogelmenschen schmücken die *Säulenkapitelle*, ein östlicher Nebenraum wird als Kapelle eines Marienheiligtums aus dem 9. Jh. gedeutet.

Wie St-Bénigne ist auch die kleine romanische **Kirche St-Philibert** ⑬ an der Rue Michelet während der Revolutionszeit schwer beschädigt worden. Seither wurde dort kein Gottesdienst mehr gehalten. In der **Kirche St-Jean** ⑭, eine Straßenecke weiter östlich, wird Theater gespielt. Nur während der Aufführungen des *Nouveau Théâtre de Bourgogne* und der oft hochkarätigen Gastspiele kann man die *Flamboyant-Gotik* des Innenraums erleben. Für eine Pause bietet sich die **Place Emile-Zola** ⑮ an, mit ihrem Brunnenplätschern unter schönen Platanen. Das gastronomische Angebot ist vielfältig: auch türkisch und italienisch sowie in der Nachbarschaft mexikanisch und marokkanisch.

Zu einem Juwel der französischen Museenlandschaft wurde in den letzten Jahren das **Musée de la Vie Bourguignonne** ⑯ im ehem. Zisterzienserkloster: Lebensnähe statt Heimatmuseum-Schläfrigkeit: Höhepunkt der Ausstellungen ist die *Zeile originaler Ladengeschäfte* aus dem alten Dijon, mit diskret eingebauten Videoschirmen, auf denen Zeitzeugen berichten (15–17, rue Ste-Anne, Mi–Mo 9–12 und 14–18 Uhr, Tel. 03.80.44.12.69, gleicher Ort und gleiche Öffnungszeit auch das **Musée d'art sacré**).

Am Ende der Rue Ste-Anne blieb vom alten **Karmelitenkloster** eine barocke Fassade mit Heiligenfiguren ⑰. Aus einem Kleinleuteviertel gerät man über die Rue V.–Dumay und die Place des Cordeliers unversehens wieder ins herzogliche Ambiente. Im **Palais de Justice** ⑱, einst Amtsstätte des Obersten Gerichtshofs

Dijon: Hauptstadt der Region Burgund mit TGV-Anschluß und Flugplatz – im historischen Zentrum mit dem Charme der gebremsten Moderne

Burgunds, wird immer noch Recht gesprochen, die Besichtigung der Prachträume (vor allem der 39 m langen **Salle des Pas Perdus** mit hohem Holzgewölbe und des **Goldenen Zimmers** von 1522) ist darum eingeschränkt.

Zwei Straßen weiter und wenige Schritte von den eleganten Arkaden vor dem Herzogs- und Ständepalast entfernt, ist in ein Palais aus dem 17. Jh. (das ehem. Hôtel Lantin) das nach seinem Stifter benannte **Musée Magnin** ⑲ eingezogen, eine erlesene Sammlung europäischer *Meister der Renaissance und des Barock* und bis ins 19. Jh. (4, rue des Bons-Enfants, Di–So Juni–Sept. 10–18, Okt.–Mai 10–12 und 14–18 Uhr, Tel. 03.80.67.11.10).

Das grüne Dijon

Zum **Jardin Botanique** und seinem **Museum** ⑳ fährt man bequemer mit dem Wagen, vielleicht über die **Place Darcy**, mit ihren großen Kinos und Cafés und der repräsentativen **Porte Guillaume**, die an Dijons benediktinischen Reformer *Guillaume de Volpiano* im 11. Jh. erinnert. Im Botanischen Garten zeigt das **Musée d'Histoire naturelle** im Pavillon de l'Arquebuse ein attraktives Beispiel moderner Museumskonzeption: Die permanente Ausstellung ›Le Monde Animal: Miroir du Milieu‹ (Die Welt der Tiere: Spiegel der Umwelt) informiert vor allem über die burgundischen Landschaften (Mi–Mo 9–12 und 14–18, So nur

Ein Kunstwerk im ›schönen Stil‹ aus dem 15. Jh., der italienischen Renaissance verwandt: der ›Mosesbrunnen‹ des nach Dijon berufenen Flamen Claus Sluter

14–18 Uhr). 1994 wurde zusätzlich der **Pavillon du Raines** eröffnet (1, av. Albert-Ier, Mo, Mi, Do, Fr 9–12 und 14–18 Uhr, Tel. 03.80.76.82.84. Parkmöglichkeiten in den Nebenstraßen).

Eine Kostbarkeit hochmittelalterlicher Kunst sind die Reste der **Chartreuse von Champmol** ㉑, der einstigen *Grablege der Burgunderherzöge*, von der noch das **Kirchenportal** mit den Gewändefiguren und der **Mosesbrunnen** (Puits de Moïse) Claus Sluters am Ort erhalten blieben. Vor allem die lebensgroßen *Prophetengestalten* des Brunnens rühren mit dem eindringlichen Ausdrucksernst von Gesicht und Gesten tief an. Seit langem waren diese Meisterwerke unglücklich von den Bauten des Krankenhausareals an der Av. Albert-1er umstellt. Jetzt wurde restauriert, und die Situation soll verbessert werden.

Zum dreihundert Jahre alten **Parc Colombière** ㉒, wo die Prinzen von Condé am Ufer der Ouche ein Schloß hatten, fährt man wegen des herrlichen Baumbestands, zum Spazierengehen oder zum Joggen (südlicher Stadtrand).

Praktische Hinweise

Information: Pavillon de Tourisme, place Darcy, 21000 Dijon, Tel. 03.80.44.11.44, Fax 03.80.42.18.83

Office de Tourisme, 34, rue des Forges, Tel. 03.80.44.11.44, Fax 03.80.30.90.02

Parken: Im Innenstadtbereich 9–12.30 und 14–19 Uhr kostenpflichtig (außer So und Fei).

Hotels

******Chapeau Rouge**, 5, rue Michelet, Tel. 03.80.30.28.10, Fax 03.80.30.33.89. Glanzvoller französischer Stil im Ambiente und in der meisterhaften Küche.

****Le Jacquemart**, 32, rue Verrerie, Tel. 03.80.73.39.74, Fax 03.80.73.20.99. Liebevoll eingerichtet, ruhig, zentral. Kein Restaurant.

Minotel de la Poste, 5, rue de Château, Tel. 03.80.30.51.64, Fax 03.80.30.77.44. Praktisches Innenstadthotel, das Restaurant Grand Café ist ein Treffpunkt der Dijoner.

Restaurants

Jean-Pierre Billoux, 14, place Darcy, Tel. 03.80.30.11.00. Essen als inspirierender Märchen-Luxus, entsprechendes Preisniveau (So abends und Mo geschl.).

Le Chandelier, 65, rue Jeannin, Tel. 03.80.66.15.82. Solide, leckere burgundische Küche (So abends und Mo geschl.).

Sport

Der **Freizeitpark ›Complex multiloisirs du Cap Vert‹** bietet Aquapark, Wildwasserfluß, Bowling, Billard, Squash, Fitneß- und Schönheitszentrum (rue du Cap Vert, 21800 Quetigny, Tel. 03.80.46.14.44), 5 km östlich.

Golfplätze: in Quetigny mit Übungscenter (Tel. 03.80.46.69.00) und im Bois de Norges, 21490 Norges, 8 km nördlich (Tel. 03.80.35.71.10).

Kir, Kir Royal und Félix Kir

Johannisbeerlikör und Weißwein – daß dies gut miteinander harmoniert, weiß man heute auch jenseits der Grenzen Burgunds. Ursprünglich aber ist diese Mixtur ein Verdienst des Dijoner Bürgermeisters der Nachkriegsjahrzehnte, **Félix Kir** *(1876–1968). Er fand die authentische Mischung: ein Fünftel bis ein Drittel* **Cassis** *oder* **Crème de Cassis** *(mindestens 15% Alkohol) und vier Fünftel* **Aligoté**, *trockener burgundischer Weißwein.*

Je nach Geschmack darf der Cassis-Anteil verändert werden. Es muß auch nicht zwingend Aligoté, es kann ein anderer trockener Weißwein sein.

Wer den Cassis statt mit Aligoté mit **Champagner** *als* **Kir Royal** *genießt, hat sich schon ein gutes Stück von Dijon entfernt. (Nur einem Gerücht zufolge gibt es dort übrigens einen Lac Kir mit 20% Cassis-Gehalt.)*

2 Auxonne

Am schönen Oberlauf der Saône gelegen – Garnisonsstadt mit Erinnerungen an Napoleon. Im nahen Cîteaux leider nur noch spärliche bauliche Überreste des Mutterklosters des Zisterzienserordens.

Auxonne liegt in idyllischer Landschaft, über die Autobahn nach Besançon mit dem Wagen rasch zu erreichen oder auch gemütlich im Hausboottempo auf der Saône. Freundlich provinziell mutet das 8000-Einwohner-Städtchen an, mit seinen übergroßen, teils von Vauban erbauten **Befestigungen** aus der Ära Ludwigs XIV. Napoleon diente hier 1787–89 als junger Leutnant, und 1791 weilte er noch einmal für einige Zeit in Auxonne. Deshalb gibt es ein **Musée Bonaparte** (in einem Festungsturm, nach der Einfahrt in die Stadt über die Saône rechts halten, das Museum ist ausgeschildert. Mai – Mitte Okt. tgl. 10–12 und 15–18 Uhr). Sehenswert ist die **Kirche Notre-Dame** aus dem 13. Jh., mit einer in Burgund seltenen gotischen Vorhalle.

Ausflüge

Château de Talmay (20 km nordöstl.)

Ein vierschrötiger Burgturm schaut noch aus dem Mittelalter auf die um 1760 erneuerten Schloßflügel, die sich im typischen, klassizistisch getönten französischen Barock präsentieren. Mauern, Wassergraben und dichtes Parkgrün umschließen den **Adelssitz**. Zu besichtigen sind Innenräume mit prächtigen *Decken*, und vom *Schloßturm* kann man weit in die Landschaft Ostburgunds und der Franche-Comté blicken (Juli/Aug. Di–So 15–17 Uhr).

Cîteaux (24 km südwestlich)

Unter hohen Kastanien kommt man zu den Resten des einst so mächtigen Klosters (an der Kreuzung D 996/D8 etwa 0,4 km nördlich fahren, dann links zum Kloster). Das **Mutterkloster des Zisterzienserordens** wurde 1098 von Robert von Molesmes gegründet. Es bestand bis zur Revolution, wurde 1790 aufgehoben und um 1900 von Mönchen des Zisterzienserordens erneuert. Heute gehören dem Orden etwa 1300 Mitglieder an, der Generalabt residiert in Rom.

Auch während der Andacht der Mönche darf man in die flachgewölbte **klassi-**

Für die Besucher von Cîteaux: eine Ausstellung in drei Sprachen

Entsagung, Fleiß und Gottesnähe: die Zisterzienser

›Cîteaux‹ leitet sich vom romanischen Wort für ›Schilf‹ her. Der Name ist deshalb Programm dieses 1098 gegründeten Ordens, weil den Zisterziensern **Abkehr von zivilen Bequemlichkeiten** *in unwegsamer sumpfiger Wildnis und* **Härte der Lebensbedingungen** *einschließlich* **körperlicher Schwerarbeit** *der konsequenteste Weg zu Gott schien. Ihre* **Klöster** *gründeten sie daher abgelegen von Städten, die Architektur war betont schlicht und funktional (z. B. keine Kirchtürme, nur Dachreiter wie in Fontenay und Pontigny). Die* **Ordensgründung** *geschah in Opposition zu Cluny, wo Ritus und Repräsentation hoher Wert beigemessen wurde.*

Schon in den ersten Jahrzehnten gewann der Orden weitreichende Bedeutung dank des sowohl spirituellen als auch politischen Genies des **hl. Bernhard.** *Er wurde Abt von Clairvaux, einer frühen Filialgründung Cîteaux'. Obwohl Mystiker, rief er doch zum Zweiten Kreuzzug auf.*

Zisterzienser-Mönche sahen ihre Aufgabe auch darin, aus einer Wildnis fruchtbares Land zu machen. Sie entwickelten sich im Mittelalter zu **landwirtschaftlichen Experten** *(Melioration, Pflanzenzucht, Weinbau, Fischzucht). Ihre Filialklöster wirkten in ganz Europa, besonders auch östlich der Elbe (insgesamt über 1500 Klostergemeinschaften).*

zistische Kirche eintreten, sie ist weiß ausgemalt und schmucklos bis auf die Blumen am Altar und drei Glasfenster im Chor, die in sanften Farben Maria mit dem Kind, die Taube des Hl. Geists und Engel zeigen. Sanft klingt auch der Chorgesang der Mönche, die sich in ihren weißen, weitärmeligen Kutten versammeln, übrigens ohne Tonsur, mit vollem Haar. Um 3.45 Uhr halten sie morgens die erste Andacht, um 17.15 Uhr ist Vesperandacht, 19.50 Uhr Anbetung des Hl. Sakraments, am Sonntag um 8.30 und 10 Uhr Messe.

Eine **Dokumentationsausstellung** mit Diaporama (in französisch, englisch und deutsch) ist tgl. von 8 bis 20 Uhr geöffnet, der Klosterladen mit dem vielgelobten selbstbereiteten Käse der Mönche, Honig, Kunsthandwerk und Büchern Di–Sa 10–12 und 14.15–17.30, So 9–10.05, 11.45–12.05 und 14.30–18 Uhr.

Praktische Hinweise

Information: Office de Tourisme, place d'Armes (gegenüber von Notre-Dame), 21130 Auxonne, Tel. 03.80.37.34.46, Fax 03.80.31.02.34

Unterkunft

*__Chambres d'hôtes Michelle Royer-Cottin__, 27, rue du Centre, Athée, Tel. 03.80.31.00.25. Attraktives Ambiente, ausgezeichnete regionale Küche, großer Garten. 5 km nördlich.

3 Côte de Nuits

Das gelobte Land der burgundischen Spitzenlagen: über 30 Grands Crus!

Noch vor den ersten Weinbergen der ›Route du Grand Cru‹ weist im Dijoner Vorort **Chénove** ein Wegweiser zum ›Pressoir des Ducs de Bourgogne‹, zu den herzoglichen **Weinpressen** aus dem 13. Jh. (Mairie, Tel. 03.80.52.51.30, 15. Juni – Ende Sept. oder nach Anmeldung).

Nur knapp 30 km fährt man von Dijon bis Nuits-St-Georges [Nr. 4], aber ein Tag reicht kaum für diese wohl **schönste Strecke durch burgundisches Weinland –** schon gar nicht, wenn man sich zu Weinproben verlocken läßt [s. S. 131].

Oberhalb von Autobahn und Nationalstraße führt die D 122 beschaulich durch

Weinberge der Côte d'Or bei Beaune, südlich der Côte de Nuits: edle Rotweine aus der Pinot-noir-Traube, die in Deutschland ›Spätburgunder‹ heißt

Rebhänge, die sich bis zum Waldsaum zur Höhe hinaufziehen, und wer Lust hat, legt einen Spaziergang im Rebgelände ein. Reizvoll sind auch die Orte – mit Feldsteingemäuer, alten Kirchen, mit verwunschenen Parks und lebendigen Restaurants oder Bistros –, zum Beispiel schon in dem Rosé-Hauptort **Marsannay-la-Côte** und in **Couchey** um die Place Charles-de-Gaulle.

In **Fixin** steigt man zum *Parc Noisot* hinauf und findet unter turmhohen Kiefernwipfeln François Rudes pathetisches Napoleon-Denkmal, das ein ›Capitaine‹ der kaiserlichen Garde gestiftet hat. Im benachbarten **Fixey** steht die aus dem 10. Jh. stammende, älteste Kirche der Côte d'Or (beim Restaurant ›Au Clos Napoléon‹ abbiegen).

Über **Gevrey-Chambertin** ragt das mittelalterliche **Château** auf, eines der vielen Côte-d'Or-Schlösser. Durch die noch bewohnte Privatburg führt die weißhaarige Besitzerin ihre Gäste persönlich und läßt sehr beredt (auch englisch) ein Stück Mittelalter lebendig werden (Tel. 03.80.34.36.13, Mo–Sa 10–12 und 14–18, So 11–12 und 14–18 Uhr, winters eingeschränkt). Die **Kirche** mit ihrem romanischen Portal lohnt ebenfalls den Besuch.

Eine große Auswahl von Côte-de-Nuits-Weinen bietet die ›Cave coopérative‹ (Caveau du Chapître, 1, rue de Paris, Tel. 03.80.51.82.82).

Chambolle-Musigny ist mit seinen **Herrenhäusern** und *Parks* eines der schönsten Weindörfer. Südlich davon liegt inmitten seiner Rebhänge ein mächtiges, unter Weinfreunden weltberühmtes Burggemäuer: **Château du Clos de Vougeot**. Seinen Ruf dankt es arbeitsamen Mönchen im 12. und burgundischen Weinfreunden im 20. Jh. Die Zisterzienser legten ein **Musterweingut** an, die Weinfreunde machten die Burg der Mönche zum Sitz der Weinbruderschaft **›Confrérerie des Chevaliers du Tastevin‹** (gegründet 1934). Ihr Festgepränge imponiert nicht nur Touristen aus USA und ihre Image-Werbung für Burgunderweine ist hocheffizient.

Weinpressen wie für Riesen und edles *Trinkgerät* sind im historischen Gemäuer zu besichtigen. Im Dorf gibt es Clos-Vougeot-Weine zu kaufen (Besichtigung Apr.–Sept. 9–18.30, Okt.–März 9–11.30 und 14–17.30, Sa bis 17 Uhr).

Letzter Ort vor Nuits-St-Georges: **Vosne-Romanée**, eines der kleinsten Weindörfer, aber dank seiner 26 ha Grand-Cru-Weinlagen die kostbarste Rebflur der Côte de Nuits.

Praktische Hinweise

Information: Office de Tourisme, place de la Mairie, 21220 Gevrey-Chambertin, Tel. 03.80.34.38.40, Fax 03.80.34.30.35

Zur ›Route de Grand Cru‹ biegt man am südlichen Stadtrand von Dijon, in Chénove, von der N 74 auf die D 122 ab.

Hotel

****Château André Ziltener, 21220 Chambolle-Musigny,
Tel. 03.80.62.83.37, Fax 03.80.62.83.75. Sehr nobel. Stilvolles Schloß mit einem Keller bester Weine. Deutschsprachige Leitung.

Restaurants

Au Clos Napoléon, 4, rue de la Perrière, 21220 Fixin, Tel. 03.80.52.45.63. Ländlicher Charme, preisgünstig (So abends und Mo geschl.).

TOP TIP **Les Millésimes**, 25, rue Eglise, 21220 Gevrey-Chambertin, Tel. 03.80.34.12.73. Michelin-Stern, eine der weltweit größten Weinkarten. Man tafelt im historischen Gewölbe oder im Garten (Di und Mi mittags geschl.).

La Rotisserie du Chambertin, rue du Chambertin, 21220 Gevrey-Chambertin, Tel. 03.80.34.33.20. Elegant, auch preiswertes ›Menu dégustation‹ (So abends und Mo geschl.).

4 Nuits-St-Georges

Liebenswerte Wein-Kleinstadt mit archäologischen Attraktionen.

An die 30 Keller erwarten hier Gäste zur **Weinprobe**, und die ist zumeist gratis. Das 5000-Einwohner-Städtchen, **Zentrum der Côte de Nuits**, bietet Cafés, Läden und sogar ein Kino. Die Kirche St-Symphorien ist romanisch-gotisch und sehenswert.

Ein Kinderarzt aus Dijon entdeckte 1964 eine der größten galloromanischen Siedlungen Burgunds, ›Les Bolards‹. Die **Funde** aus zwanzigjähriger Grabungsarbeit zeigt das Museum. Aber auch die Stätte selbst ist zu besichtigen, in den Feldern östlich der Stadt, nahe der Autobahnauffahrt (Mai–Okt. Mo/Di und Do–Sa 14–18 Uhr, ausgeschildert, wegen Führung im Museum nachfragen).

Im **Musée de Nuits-St-Georges** sind die Funde der keltischen und galloromischen Siedlungen attraktiv ausgestellt, von ganzfigurigen, auch porträtähnlichen *Grabstelen* bis zu den Rekonstruktionen von *Tempeln*, die dem keltischen Mars (1. Jh.) und Mithras (2./3. Jh.) geweiht waren. Außerdem: hochdekorativer *merowingischer Schmuck* und Erinnerungen an den Krieg von 1870/71 (12, rue Camille-Rodier, Mai–Okt. Mi–Mo 10–12 und 14–18 Uhr, Tel. 03.80.61.13.10).

Praktische Hinweise

Information: Office de Tourisme, 1, rue Sonoys, 21700 Nuits-St-Georges, Tel. 03.80.61.22.47, Fax: 03.80.61.30.98

Hotels

***La Gentilhommière, 13, vallée de la Serrée – route de Meuilley, Tel. 03.80.61.12.06, Fax 03.80.61.30.33.

Ein ehrenvolles Amt, burgundische Weine zu verkosten und ihren Ruf zu pflegen! Die ›Confrérerie des Chevaliers du Tastevin‹ ist darin seit Jahrzehnten erfolgreich

Die Erfahrung und Arbeit der Kellermeister ist besonders wichtig: Pascal Marchand sorgt für die Weine von Clos des Epeneaux in Pommard

Motel in Landhausstil, 1,5 km westlich (D 25), mit Park, Pool, Tennis, Terrasse (Restaurant Di und Mi mittags geschl.).

****Iris**, 1, avenue de Chamboland, Tel. 03.80.61.10.41, Fax 03.80.61.26.33. Am südlichen Ortsrand nahe Schwimmbad und Tennisplatz, modern, praktisch.

Einkaufen

Fruitrouge, Isabelle Maire und Sylvain Olivier, Hameau de Concœur, Tel. 03.80.62.36.25, Fax 03.80.62.36.19. Natürliche Fruchtsäfte, Fruchtliköre und Konfitüren aus den Beeren der Hautes-Côtes de Nuits, vitaminschonend hergestellt. Etwa 5 km nordwestlich.

5 Beaune *Plan siehe hintere Umschlagklappe*

Ganz auf Gäste eingestellt: die Hauptstadt der Burgunderweine mit dem berühmten Hospital des Kanzlers Nicolas Rolin.

Beaune bezaubert – nur sollte man möglichst nicht gerade zur Hochsaison kommen. Der alte **Weinhandelsort** im Grüngürtel seines Boulevardrings ist zwar auf viele Gäste eingestellt, aber im Juli und August drängen sie sich in Überzahl um das berühmte Hospiz, auf den Restaurantterrassen und beim Verkosten in den Kellern der Stadt: den ›Caves des Cordeliers‹, den ›Caves Patriarche‹, den ›Caves Reine Pedauque‹ und noch Dutzenden mehr. Dijon [Nr. 1] ist ›Capitale de la Bourgogne‹, die Hauptstadt Burgunds, aber Beaune nimmt den Titel der **›Capitale de Bourgogne‹** in Anspruch, Hauptstadt der Burgunderweine.

Geschichte Von Quellheiligtümern der keltischen Gottheit Belenes (latinisiert Belenus) leitet Beaune seinen Namen her, im 1. Jh. v. Chr. soll die Siedlung bei den Quellen der Aigue und der Bouzaise gegründet worden sein. Im Mittelalter füllten die Flüßchen die Verteidigungsgräben um die Stadt, die vom 10.–14. Jh. Gerichtssitz, zeitweise auch Residenz der burgundischen Herzöge war. Die Stadt

Die Stunde des Auktionators – hier bei den ›Trois Glorieuses‹ in Beaune

Rogier van der Weydens ›Jüngstes Gericht‹ (um 1450; Ausschnitt) im Hospiz von Beaune

und ihre vielen Klöster wurden reich durch Weinhandel, heute ist sie das wichtigste Weinhandelszentrum Burgunds. Nicht nur die Gewölbe der Bastionen wurden zu Weinlagern. Beaune ist über Weinkellern erbaut, manche führen zwei und drei Stockwerke tief hinab.

Besichtigung Auf und an der **Place de la Halle** ① ist für leibliche Genüsse gesorgt: Jeden Mi ttwoch wird ein ›Schlemmermarkt‹ gehalten, ein zweiter Markt am Samstag, und in der **Markthalle** mit dem breiten Satteldach findet alljährlich am dritten Sonntag im November die spektakuläre *Versteigerung der Hospiz-Weine* statt, die sehr viele Besucher anzieht.

Das **Hospiz (Hôtel-Dieu)** ② selbst wendet dem Platz eine langgestreckte, unauffällige Fassade zu. Erst beim Eintritt in den Hof imponieren die wohlproportionierten **Arkaden** und die – früher schiefergrauen, erst seit 1905 farbig glasierten – Ziegel der **Dächer**, die zum Wahrzeichen Beaunes wurden. Über 400000 Besucher jährlich zieht dieses **berühmteste mittelalterliche Krankenhaus** Europas an. »Ich, Nicolas Rolin, Chevalier, Bürger der Stadt Autun, Herr von Authume im Bistum Besançon, Kanzler von Burgund«, beginnt die Stiftungsurkunde des Jahres 1443. Gemeinsam mit seiner Frau **Guigone** – die Buchstaben N & G und beider Wappen sind allerorten im Hospiz zu entdecken – sorgte er für einen musterhaften Bau und für das Kapital zum Unterhalt: In Gestalt bester Weinbergslagen trägt das Hôtel-Dieu bis heute Renditen, die mehrere Altenpflegeheime in Beaune finanzieren.

Im **Krankensaal** (Grand' Salle oder Salle des Pôvres) – in dem man noch nach dem Zweiten Weltkrieg Kranke versorgte –, in der Kapelle und in der Küche wurde die **alte Einrichtung** wiederhergestellt, vielleicht in allzu makelloser Frische. **Ausstellungssäle** zeigen medizinisches Gerät und Gemälde von Wunderheilungen.

Das grandiose **›Jüngste Gericht‹** von Rogier van der Weyden, der kostbarste Schatz des Hospizes, wurde um 1450 gemalt und stand den Siechen des Krankensaals in der angrenzenden Kapelle unmittelbar vor Augen, als Teil einer spirituellen Therapie. Jetzt begegnet man Rogiers Werk in einem eigenen abgedunkelten Raum **(Salle du Polyptyche)**. Man kann sich so ganz auf die vielteilige Komposition spätmittelalterlicher *Heils- und Urteilsverheißung* konzentrieren. Erstaunlich gut erhalten sind feinste malerische Details, die man mit Hilfe eines tellergroßen Vergrößerungsglases, das auf einer Schiebebühne vor dem Polyptychon entlanggeführt wird, recht gut betrachten kann (Apr.–Mitte Nov. 9–18.30, sonst 9–11.30 und 14–17.30 Uhr, Tel. 03.80.24.45.00. Sommers: *Son et Lumière*, März – Okt. tgl., dreisprachig).

Ein Rundgang durch den Ort kann dann über die **Place Fleury** ③ führen, mit dem **Hôtel de Saulx**, das Jean de Saulx, dem Amtsvorgänger Nicolas Rolins gehörte, auf Nr. 13. Weiter geht es zur **Rue Maufoux** ④ mit ihren Patrizierhäusern aus dem 16. Jh. Das **Hôtel Thiroux de St-Félix**, Nr. 33, hat einen besonders schönen Renaissance-Innenhof. Man steigt zu den platanenbestandenen **Remparts des Dames** ⑤ hinauf, zum Spazierweg auf der ehem. Stadtmauer, von der hier noch die **Tour des Dames** erhalten

Im Innenhof des Hôtel-Dieu in Beaune ▷

ist, heute ein mehrstöcki- ges *Weinlager*. Ein Abstecher nach Westen führt in den **Parc de la Bouzaize** ⑥ hinaus, mit Booten, Spielplätzen und Tier- gehegen, und weiter in die Weinberge. Fürs erste doch lieber die Altstadt erkunden? Dann über den **Square des Lions** ⑦ rechts zur **Place Marey** mit der renommierten *Stadtbibliothek* im einstigen **Nonnenkloster der Minimen** ⑧ und dem **Marey-Denkmal** für den Physiologen und Erfinder Etienne-Jules Marey, dem man noch im Museum begegnen wird.

Die **Stiftskirche Notre-Dame** ⑨, gegründet 1120, ist nach dem Hôtel-Dieu architektonisch am wertvollsten. Der *romanische Bau* wurde später verändert, zeigt auch gotischen Flamboyant-Stil, im Chor Glasfenster in leuchtendem Rot und Grün und als kostbare Stiftung aus dem 15. Jh. einen Zyklus von **Tournai-Tapisserien** mit Darstellungen des Marienlebens. Schöne *Wandmalereien* blieben in der **Kapelle Jean Rolins**, Bischof von Autun, erhalten. Sie wurden 1975 unter einem Kalkanstrich wiederentdeckt.

Weinmuseum im Herzogspalast

Top Tip

Das interessanteste **Weinmuseum** Burgunds ⑩ ist von Notre-Dame über die Rue Paradis / Rue d'Enfer zu erreichen. Stimmig sind die Zeugnisse von anderthalb Jahrtausenden Weinbaugeschichte in den Räumen des ehem. Herzogspalasts ausgestellt. Den Abschluß bilden prächtige **Aubusson-Tapisserien des 20. Jh.**, u. a. mit Wein- und Tiersymbolik von Jean Lurçat, 1948 (Musée du Vin de Bourgogne, rue d'Enfer, tgl. 9.30–18 Uhr, Tel. 03.80.22.08.19). Im pittoresken Hof ein **Modell der historischen Stadt** mit ihren Bastionen.

Weiter durch die Rue du Paradis und über die Place au Beurre zur Place Monge mit ihrem **Stadtturm** ⑪ aus dem 14. Jh. – hier wie an der Rue Lorraine ist das Mosaik jahrhundertealter Architektur besonders dicht. Die Kapelle zum **Hospice de la Charité** ⑫, eines von Nicolas Rolin gegründeten Waisenhauses, hat meisterliche schmiedeeiserne *Chorgitter*.

Im ehem. Stift der Ursulinen beim Rathaus findet man das **Musée des Beaux-Arts** und das **Musée Marey** ⑬. Der Arzt **Etienne-Jules Marey** (1830–1904), Bürger von Beaune, erfand mehrere medizinische Meßgeräte, aber auch den ›Fotochronografen‹ und das ›fotografische Gewehr‹, mit dem er bereits 1882 zwölf Bilder pro Sekunde auf einer Glasplatte aufnehmen konnte. Marey gehört mit Muybridge, Eakins und Anschütz zu den Pionieren des Kinos. Im kleinen **Musée des Beaux-Arts** sind *gallorömische und merowingische Funde* interessant, aber auch die Bilder des **Félix Ziem** (1821–1911) aus Beaune, eines bis heute fast unbekannten Impressionisten und Orientalisten (Hôtel de Ville, Apr.–Nov. 14–18 Uhr, Tel. 03.80.22.08.19).

An der nahen **Porte St-Nicolas** ⑭, die 1770 als Triumphbogen erbaut wurde,

Der ›Saal der Armen‹ im 1443 gestifteten Hospiz zu Beaune. Fürsorge für die Notleidenden war in Beaune ein Höhepunkt mittelalterlicher Caritas

Zu den Kunstschätzen im Hospiz gehören Tapisserien mit Darstellungen von Frömmigkeit und wunderbaren Heilungen. Auch der Seele der Kranken wollte man helfen

trifft man auf das **Stadttheater** von 1862 und vor dem Tor im einstigen Winzerviertel auf die **Kirche St-Nicolas** ⑮ mit einem Tympanon, das den hl. Nikolaus als Kinderretter darstellt.

Der **Rückweg** kann über die Wälle führen: Rempart de la Comédie mit der **Tour Blondeau**, benachbart die einstige Hinrichtungsstätte **Place Morimont** mit der **Kirche St-Jacques** ⑯, Rempart St-Jean mit der **Tour Renard** ⑰ und Rempart Madeleine. An der Rue de l'Hôtel-Dieu, wo im 13. Jh. das Gelände des Franziskanerklosters war, kann man noch den weitläufigen Keller, die **Cave des Cordeliers** ⑱, besichtigen, der vom Kloster übrigblieb, und dort vorzügliche Weine und Sekte verkosten. Die Rue Rolin führt wieder zur Place Carnot und **Petite Place Carnot** ⑲. Zum Schluß noch der Hinweis auf eine Wallfahrtsstätte: die Kirche des **Karmeliterinnenklosters** ⑳ an der Place Ziem, zu der sogar Ludwig XIV. gepilgert ist.

Ausflüge

Hautes-Côtes de Beaune (40 km)

Landschaftlich noch reizvoller als der Besuch der Weinorte mit den Spitzenlagen der **Côte de Beaune** (Ladoix-Serrigny, Aloxe-Corton, Pommard, Volnay, Puligny-Montrachet, Chassagne-Montrachet, Santenay) ist eine Rundfahrt in die **Hautes-Côtes de Beaune**, z. B. auf folgender Route: über **Aloxe-Corton** auf schmalen Straßen nach **Magny-les-Villers**, **Marey-les-Fussey** und zur ›Maison des Hautes-Côtes‹ (Tel. 03.80.62.91.29, mit Weinverkostung und Restaurant, Mo geschl.), auf der D 18 und der D 2 nach **Bouilland** und schließlich nach **Savigny-les-Beaunes**. Romantische Täler mit schlängelnden Bachläufen wechseln mit stillen Wäldern, Rapsfeldern, Johannisbeerbüschen (für den Cassis!) und Wiesen. Auf den Sonnenhängen die Rebenreihen, dann wieder steile Felswände. Ideale **Picknickplätze** locken im Tal der Rhoin, aber auch kleine Restaurants, wie in Bouilland die **›Bonne Auberge‹** (Tel. 03.80.21.53.01). Bei Bouilland umschließt der Wald die Ruinen der **Abtei Ste-Marguerite**. Im Wanderer- und Reiterland der Hautes-Côtes können sich auch Klettersportler erproben, für Mountainbikes gibt es Routen in allen Schwierigkeitsgraden. Technikfans finden im mittelalterlichen Schloß von Savigny-les-Beaune Rennwagen, im Park Flugzeuge (**Musée de la moto, de l'aviation et de la voiture de course**, tgl. 9–12 und

14–18.30 Uhr, Tel. 03.80.21.55.03). Auch die Weine des Schloßherrn sind zu verkosten.

Vallée de l'Ouche: Eisenbahnspaß

Mit einem touristischen **Mini-Zug** fährt man in offenen Wagen mit 60-cm-Spurweite durchs friedliche **Tal der Ouche**, das sich gern ›burgundische Schweiz‹ nennt. Abfahrt **Bligny-sur-Ouche**, 18 km nordwestlich von Beaune, von April bis Anfang Oktober; im Juli und August täglich, sonst sonntags mit Dampfbetrieb! (Auskunft A. R. V. O., 4, rue Pasumot, 21200 Beaune, Tel. 03.80.20.16.65, Buchung Tel. 03.80.22.86.35, Fax 03.80.24.65.92).

Praktische Hinweise

Information: Office de Tourisme, 1, rue de l'Hôtel Dieu (an der Place de la Halle), 21200 Beaune Tel. 03.80.26.21.30, Fax 03.80.26.21.39

Parken: Im Stadtzentrum fast überall gebührenpflichtig 9–12.30 und 14–19 Uhr, gratis u. a. an der Place Madeleine und am Boulevardring.

Hotels

TOP TIP ****Château de Challanges**, rue des Templiers, Challanges, Tel. 03.80.26.32.62, Fax 03.80.26.32.52. Schloß in Privatpark. Seide, Kristall, edle Weine.

****Hôtel des Remparts**, 48, rue Thiers, Tel. 03.80.24.94.94, Fax 03.80.24.97.08. In ruhigem Altstadtambiente nahe den Hauptsehenswürdigkeiten, komfortable Privatatmosphäre. Ohne Restaurant.

****Grillon**, 21, route de Seurre, Tel. 03.80.24.20.75, Fax 03.80.24.93.88. Außerhalb der Altstadt, ruhig, mit großem Garten.

****L'Auberge Bourguignonne**, 4, place Madeleine, Tel. 03.80.22.23.53, Fax 03.80.22.51.64. Einrichtung traditionell und hell; gutes Restaurant (Mo geschl.).

***Chambre d'hôtes Micheline Dumay**, Magny-les-Villers, Tel. 03.80.62.91.16. Traditionelles Gebäude mit Garten im Weinbauerndorf der Hautes-Côtes, sehr freundlich.

Restaurants

Le Cep, 27, rue Maufoux, Tel. 03.80.22.35.48. Im Zentrum, in einem Haus des 16.–17. Jh. (auch ****Hotel), renommierte Adresse.

Central, 2, rue Victor Millot, Tel. 03.80.24.77.24. Reichtum und Vielfalt burgundischer Küche und Weine, im Winter Mi geschl. (auch ***Hotel).

Allseits beliebt: Beaunes Fußgängerzone mit ihren vielen Spezialitätenläden, in denen man von Wein und Käse bis zu Mode und Möbeln alles findet

Vielerorts bietet sich in Burgund Gelegenheit zu Heißluftballon-Ausflügen über Wein- und Waldgelände

Konditorei

Patissier & Confiseur M. Bazeron, 8, rue Carnot. Dekor der Jahrhundertwende. Süße Spezialitäten in bester Qualität.

Einkaufen

Champy Père, 5, rue Grenier à Sel, Tel. 03.80.24.97.30, Fax 03.80.24.97.40. Älteste Weinhandlung Burgunds (seit 1720). Außer Führungen durch die alten Kelteranlagen veranstaltet die Inhaberin auch ganz besondere Kurse für die Kinder ihrer Kunden: Sie sollen den Geschmack oder/und Geruch von Früchten, Säften, Gewürzen und Hölzern unterscheiden lernen – eine Vorschule für künftige Weinkenner.

Comptoir Viticole, petite place Carnot. Winzerkörbe, Gläser, alles zum Weinbau und Weintrinken.

Le Taste Fromage, 23, rue Carnot. Käsespezialist, zu dem auch Burgunder anreisen.

Spielcasino

Casino de Santenay, 9, av. des Sources, 21590 Santenay, Tel. 03.80.26.22.44. Roulette, Black-Jack, Baccara, Boule. Piano-Bar und Restaurant. 20 km südlich von Beaune.

6 Nolay/La Rochepot

Geheimtips im Hinterland und ein wiedererstandenes Schloß aus der Zeit der großen Herzöge.

Täler, für die das Wort ›romantisch‹ keine Übertreibung ist, das leuchtende Gelbweiß steiler Kalkfelsen, entlegene Dörfer und Städtchen, die sich den Dornröschenschlummer aus den Augen reiben – das ist die Landschaft westlich der Côte-d'Or-Weinberge. Zum Beispiel **Nolay**: Jüngst wurde das staunenswerte Bauwerk renoviert, das man am kleinräumigen Marktplatz entdeckte: eine quadratische Markthalle aus dem 14. Jh. mit einem riesigen, lavasteingedeckten Dach über kunstvoller Zimmermannsarbeit aus Kastanienholz. Nicht zugänglich und recht vernachläßigt steht dagegen in der Rue Sadi Carnot das Geburtshaus **Lazare Carnots** (1753–1823), der in der Revolution die Volksheere der ›Levée en masse‹ aufstellte und als ›organisateur de la victoire‹ in die Geschichte der Grande Nation einging. Wanderwege finden sich rund um den Ort, in Nolay selbst lockt ein Restaurant, das einen Umweg wert ist.

Einem Nachfahren Carnots ist die Rettung des **Château de La Rochepot** zu verdanken (etwa 5 km östlich von Nolay, oberhalb vom Dorf La Rochepot). In der Revolution auf Abriß verkauft, entstand das Schloß seit 1893 samt Zugbrücke und Ziehbrunnen neu. Philippe Pot, der Käm- TOP TIP

Das Dorf La Rochepot mit seiner imposanten Schloßanlage

merer Karls des Kühnen, wurde hier geboren (1428–1494).

Gezeigt werden die *Gotische Kapelle*, der *Saal der Wachen*, der *Speisesaal* und die *Küche*. Der **Ausblick** vom Turm ist prächtig, und ein Turmgemach überrascht mit seiner **chinesischen Einrichtung**, die die letzte chinesische Kaiserin dem Marineminister Sadi Carnot schenkte. Heute möchte mancher Denkmalschützer die Lackschnitzereien – da nicht authentisch – wieder entfernen und vielleicht noch mehr. Tausendschaften von Besuchern sind jedoch fasziniert von dieser Privatburg im Schmuck ihrer burgundisch **farbigen Ziegel**. Wunderbare und wunderliche Altertümer gibt es zu sehen, **Tapisserien, Waffen** und **Pretiosen**, bis hin zu dem 1970 in einem nahen Acker gefundenen schwergoldenen *merowingischen Armreif* von 1,3 kg Gewicht – das Original bewahrt das archäologische Museum in Dijon (Führungen Apr.–Juni Mi–Mo 10–11.30 und 14–17.30 Uhr, Juli–Aug. Mi–Mo 10–12 und 14–18 Uhr, Sept. 10–11.30 und 14–17.30 Uhr, Okt. 10–11.30 und 14–16.30 Uhr).

Im **Dorf La Rochepot** bauten Benediktiner aus Flavigny im 12. Jh. eine *romanische Kirche* mit außerordentlich schönen Säulenkapitellen.

Wegen der dramatischen Felsformationen lohnen Abstecher zum ›**Cirque au Bout du Monde**‹, einem Talkessel mit hufeisenförmigen *Steilwänden* und dem *Wasserfall* bei Vauchignon (ca. 4 km nördlich von Nolay) sowie zu dem male-

Nachbauten keltischer Vergangenheit im Archäologiepark bei Meursault

rischen Weindorf **St-Romain**, das tief im Tal und auf der Höhe darüber etwa 6 km nördlich von Rochepot liegt. Ein beschilderter **Rundweg** führt durch die halbüberwachsene *Burgruine* im malerischen **St-Romain-le-Haut**, auf der Gegenseite des Tals wird eine vorgeschichtliche Stätte erschlossen.

Praktische Hinweise

Information: Office de Tourisme, Maison des Halles, place des Halles, 21340 Nolay, Tel. 03.80.21.70.86/ 03.80.21.80.73, Fax 03.80.21.72.99

Hotels

*__Hôtel du Chevreul__, place de l'Hôtel-de-Ville, Tel. 03.80.21.71.89, Fax 03.80.21.82.18. Im Zentrum der idyllischen Kleinstadt.

**__Les Roches__, place de la Mairie, 21190 St-Romain, Tel. 03.80.21.21.63, Fax 03.80.21.66.93. Ländlich, mit guter Küche.

Restaurant

Le Burgonde, 35, rue de la République, Tel. 03.80.21.71.25. Haus mit kulinarischen Auszeichnungen, angenehm und gepflegt (Mo geschl.)

7 Meursault

Hügelstadt und Weißwein-Kapitale mit archäologischem Erlebnispark als zusätzlicher Attraktion.

Die besten weißen Chardonnay-Weine reifen um Meursault. In den mittelalterlichen Kellern des **Château de Meursault** kann man sie stilvoll verkosten. Die *Orangerie* des Schlosses ist zu besichtigen sowie – in den Salons – eine *Sammlung moderner Kunst* (5. Jan.–20. Dez. 9.30–12 und 14.30–18.30 Uhr). Sehenswert sind auch die **Kirche St-Nicolas** mit hohem gotischem Turm, nach dem Vorbild der Kathedrale von Autun [Nr. 15] erbaut, und das **Rathaus** im Rest der mittelalterlichen Burg.

Die moderne Attraktion liegt an der Autobahnstation Beaune-Tailly: das ›**Archéodrome de Bourgogne**‹, ein *archäologischer Erlebnispark*, in dem die Geschichte der Menschheit vom Cro-Magnon-Menschen bis zu den Mönchsorden von Cluny und Cîteaux dargestellt ist. Ein Museum mit *Computer-Animationen*, zwei *Multivisionsschauen* und großräumigen *Freilandmodellen*, zum Beispiel von einem jungsteinzeitlichen Getreidespeicher oder von den Befestigungen von Alesia [Nr. 43], öffnen Zugänge zur Vergangenheit Burgunds (Juli/Aug. tgl. 9.30–19 Uhr, Apr.–Juni, Sept. 9–18 Uhr, Okt.–März Mi, Do 10–17, Fr–So 10–18 Uhr, Tel. 03.80.26.87.00, etwa 3 km östlich).

Praktische Hinweise

Information: Office de Tourisme, place de l'Hôtel-de-Ville, 21190 Meursault, Tel. 03.80.21.25.90, Fax 03.80.21.29.89

Hotels

****__Les Magnolias__, 8, rue Pierre-Joigneaux, Tel. 03.80.21.23.23, Fax 03.80.21.29.10. Stilvolle Inneneinrichtung, ohne Restaurant.

**__Les Arts__, place de l'hôtel de ville, Tel. 03.80.21.20.28, Fax 03.80.21.63.58. Zentral, mit Garten und einem Gewölbe-Speisesaal aus dem 14. Jh.

Restaurant

Relais de la Diligence, 23, rue de la Gare, Tel. 03.80.21.21.32, Fax 03.80.21.64.69 (auch **Hotel). 2,5 km östlich beim Bahnhof, in nüchterner Umgebung. Gute, preisgünstige Küche (Di abends und Mi geschl.).

Cimetière

Saône-et-Loire – Kunst und Natur in Fülle

Der imposante **Felssporn von Solutré** [s. S. 46], an dessen Fuß die Archäologen Hunderttausende von Tierknochen fanden, ist die bedeutendste vorgeschichtliche Stätte Burgunds, die **Abtei von Cluny** war einst ein burgundisches Rom, Zentrum christlicher Erneuerung, in **Autun** schuf Meister Gislebertus die berühmte *Eva*, in Schloß und Park **Cormatin** ist die Renaissance zu neuem Leben erwacht – das sind nur einige der historischen Höhepunkte dieser Landschaften zwischen der **Saône**, die mit der Rhône zum Mittelmeer strömt, und der **Loire**, die unterwegs zum Atlantik ist. Das **Chalonnais** und das **Mâconnais**, beide weingesegnet, das **Autunois** um Autun, die bäuerliche **Bresse Bourguignonne** mit ihrem Geflügel, das **Brionnais** und das **Charolais**, Land der Rinderzüchter, schließlich **Le Creusot-Montceau**, das Areal einer schon legendären industriellen Erfolgssaga – sie alle gehören zum Département Saône-et-Loire.

Noch mehr gute Gründe, den Süden Burgunds kennenzulernen? Die Kelten und Römer hinterließen markante Spuren, und aus der Zeit der Romanik sind über 250 **Kirchen** erhalten. Nach offizieller Auskunft erwarten den Besucher derzeit 58 **Museen** sowie 189 **Burgen** und **Schlösser**. Dazu alljährlich mehr als ein Dutzend Festspiele, mit Theater, Musik und Straßenkünstlern. Und ein Netz von Wasserstraßen für Hausbootkapitäne, mit einer Gesamtlänge von 300 km.

Nicht zuletzt sind immer wieder auch Entdeckungen zu machen, Begegnungen zu erleben – sei es mit dem Chocolatier *Bernard Dufoux* in **La Clayette** [s. S. 61] oder mit den freundlichen *Buddhisten* von **La Boulaye**, mit einem charmanten Ehepaar, das in historischem Gemäuer ›Chambres d'hôtes‹ vermietet oder mit dem Kustos des großartigen *Fotografie-Museums* in **Chalon-sur-Saône**, der Heimatstadt des lange übersehenen Erfinders Nicéphore Niepce. Das Land zwischen Saône und Loire ist für mehr als einen Urlaub gut.

8 Chalon-sur-Saône

La ville de l'image: Heimat des Erfinders der Fotografie, Nicéphore Niepce.

Von oben läßt sich die schöne Anlage dieses Orts besonders gut erkennen: der alte Stadtkern an der Saône, die bebaute **Doppelinsel** mit ihren Brückenbögen, die baumbestandenen Uferpromenaden, das gotische Turmpaar der **Kathedrale St-Vincent** und die steilen Doppelpylone der modernen, 350 m langen **Brücke** im Norden. ›Le pont le plus mince de France‹, die schlankeste Brücke Frankreichs hat man den Pont du Nord genannt.

Geschichte Hafen der Gallier, Cäsars Versorgungslager, Hauptstadt des Merowingerkönigs Guntram, wichtiger Umschlagplatz der Burgunderherzöge, Zentrum des Weinbaugebiets Côte Chalonnaise und bis heute eines der lebhaftesten Verkehrskreuze im Süden Frankreichs, das alles ist die 55 000-Einwohner-Stadt Chalon-sur-Saône. Seit dem 19. Jh. wurde der Wasserweg des Canal du Centre wichtig, im 20. Jh. kamen Autobahn und TGV hinzu.

Besichtigung In seinem alten Stadtkern zeigt sich Chalon-sur-Saône freundlich und gar nicht touristisch aufgeputzt. Zu den Attraktionen gehört der bunte Sonntagvormittags-**Straßenmarkt** mit Gemüse, Käse und Meerestieren ebenso wie das **Musée Nicéphore Niepce** (Erinnerung an den nicht hinreichend berühmten ersten Erfinder der Fotografie), das Flußpanorama mit der **Insel St-Laurent** ebenso wie die Auswahl an guten **Restaurants.**

Ein Rundgang könnte vom modernen Zentrum (Parkplätze) um die Place Général-de-Gaulle und den gründerzeitlich pompösen **Justizpalast** ① in die Altstadt führen: an den Läden der **Grande-Rue** ② entlang und vor der Saône-Brücke links auf die **Kathedrale St-Vincent** ③ zu (bis 1790 war Chalon auch Bischofssitz). Die gotische Fassade wurde im 19. Jh. sensibel erneuert und 1996 restauriert. An das ursprünglich romanische Kirchenschiff (Baubeginn 11. Jh.) fügen sich Seitenkapellen im Flamboyant-Stil. Im Umkreis der Place St-Vincent finden sich viele Antiquitätenläden, auch Patisserien und andere Delikatessen.

Über die **Place du Châtelet** ④ geht es rechts weiter in die Rue St-Georges, dann durch einen Torgang links in die Rue Oratoire, zum **Geburtshaus von Nicéphore Niepce** ⑤, das mitten in der Altstadt liegt. Die Rue au Change führt zur Place de l'Hôtel de Ville mit dem **Musée Denon** ⑥ in einem ehem. Kloster. Fast labyrinthisch dargeboten wird hier eine Fülle von Möbeln, Mammutknochen, persischen, chinesischen und afrikanischen Exponaten und deckenhoch gehängten Gemälden aus dem 17.–19. Jh. (Mi–Mo 9.30–12 und 14–17.30 Uhr, Tel. 03.85.48.01.70).

TOP TIP

Auf der Rue du Port Villiers weiter zur Saône, zum Quai des Messageries 28 und dort zum **Musée Nicéphore Niepce** ⑦, das sich das ›erste europäische Museum der Fotografie‹ nennt: Bereits 1860 wurde mit dem Sammeln begonnen. (Chalon heißt auch: ›la ville de l'image‹, die Stadt des Bildes.) Niepce (1765–1833) gelang 23 Jahre vor Daguerre die Erfindung der fotografischen Aufnahme und Bildfixierung. *Hervorragende Sammlung zur Technik- und Bildgeschichte der Fotografie* (Mi–Mo Juli/Aug. 10–18, sonst 9.30–11.30 und 14.30–17.30 Uhr, Tel. 03.85.48.41.98).

Noch vor Daguerres Erfindung: die erste Kamera, ausgestellt im Musée Nicéphore Niepce

Auch die **Insel St-Laurent** mit dem **Hôpital St-Laurent** ⑧ und etlichen Restaurants kann man zu Fuß erreichen und dort auf den **Turm ›du Doyenne‹** ⑨ aus dem 15. Jh. steigen (nur Mo–Sa 14–16.30 Uhr).

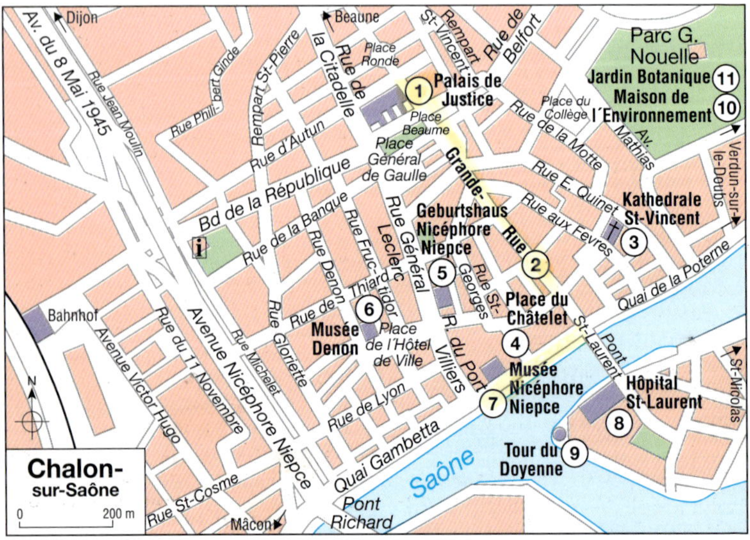

Neu ist die **Maison de l'Environnement** ⑩, das Haus der Umwelt (1, pl. Ste-Marie, Tel. 03.85.41.63.80). Es zeigt ›La Coulée Verte‹ (wörtlich: das grüne Fließen), ein Programm, das Wissenswertes über die Saône-Ufer bietet – für alle, die sich für Natur, Geschichte, Technikgeschichte, fürs Angeln und Bootfahren interessieren. Im **Jardin Géobotanique** ⑪, zwischen Promenade Ste-Marie und Place Mathias gelegen, gibt es u. a. ein Biotop aus dem Morvan und die typische Flora der Chalonnais-Kalksteinhügel zu sehen.

Ausflüge

An der **Côte Chalonnaise**, die südlich an die Côte de Beaune anschließt, werden in so renommierten Orten wie **Rully** und **Mercury** kostenlose Weinproben in traditionsreichen Kellern angeboten. Feinschmecker träumen von **Chagny** (18 km nordwestlich) wegen des dortigen Gastronomietempels **›Lameloise‹**, den der Michelin mit drei Sternen schmückte (auch ****Hotel, place d'Armes, Tel. 03.85.87.08.85, Fax 03.85.87.03.57. Do mittags geschl., Okt.–Juni auch Mi mittags).

Praktische Hinweise

Information: Office de Tourisme, 1, square Chabas, 71100 Chalon-sur-Saône, Tel. 03.85.48.37.97, Fax 03.85.48.63.55

Hotels

***__Saint-Régis__, 22, bd de la République, Tel. 03.85.48.07.28, Fax 03.85.48.90.88. Traditionelles Stadthotel, mit Garage.

**__Saint-Hubert__, 35, place de Beaune, Tel. 03.85.48.70.43, Fax 03.85.48.71.18. Zentral, preisgünstig, ohne Restaurant, aber mit Garage.

Restaurants

Le Bourgogne, 28, rue Strasbourg, Tel. 03.85.48.89.18, Fax 03.85.93.39.10. Elegant, hervorragende Küche (Sa abends und So mittags geschl.).

Chez Jules, 11, rue Strasbourg, Tel. 03.85.48.08.34. Viele Einheimische; regionale Küche (Sa mittags und So geschl.).

La Maison de Café, 19, bd de la République, Tel. 03.85.48.06.98. Schöne, altmodisch verspiegelte Café-Bar.

Einkaufen

Der **Sonntagsmarkt** konzentriert sich auf die Rue aux Fèvres und die Gassen um die Kathedrale, Zeit: etwa 9–12 Uhr.

La Maison des Vins de la Côte Chalonnaise, promenade Ste-Marie, Tel. 03.85.41.64.00. Weinverkauf, Weinproben, Weinliteratur, Mo–Sa 9–19 Uhr. Mit Restaurant ›Le Chalet‹, Tel. 03.85.41.66.66 (Sa mittags, So abends und Mo geschl.).

Sport

Golf Municipal de Chalon-sur-Saône: 18-Loch-Platz im Parc de Loisirs St-Nicolas, auf dem gegenüberliegenden Saône-Ufer. Mit Driving Range. In der Nachbarschaft **Tennisplätze** und ein großer Rosengarten.

9 Die Bresse

Geflügel mit Feinschmeckerruf und Landschaft für Ruhebedürftige.

Das **Wiesenland** der Bresse, wie von sanftem Wind gewellt, wird von langsam dahinströmenden Flüssen und Bächen durchzogen. **Bootsferien** in der Bresse bieten sich an. Aber das Bauernland um Doubs und Seille und weiter südlich, wo es in die Bresse des Départements Ain übergeht, ist auch ideal für **Radwanderer**, die sich von der automobilen Konkurrenz möglichst wenig storen lassen wollen (unter dem Stichwort *›vélo douceur‹* werden acht Etappen von je etwa 45 Kilometer angeboten).

Auch ein *›Circuit de sept Moulins‹*, ein ›Rundweg der sieben Mühlen‹, ist ausgeschildert, und für **Autofahrer** die *›Route de la Bresse‹* – unter dem Zeichen des weißen Hahns mit feuerrotem Kamm. **Verdun-sur-le-Doubs**, die Kleinstadt am Zusammenfluß von Saône und Doubs, ist ein **Anglertreff**. Hier wurde die ›Pôchouse‹ erfunden, eine Suppenspezialität mit vier verschiedenen Fischen (ähnliche Rezepte auch anderswo in Burgund). Außer *Bootshafen* und *Bootsvermietung* besitzt die kleine Stadt das **Eco-Musée du Blé et du Pain**, das in einem malerischem alten Bauwerk über der Doubs-Brücke zeigt, wie der Getreideanbau und das Brotbacken sich entwickelten (7, rue du Pont, 15. Mai–30. Sept. Mi–Mo 15–19 Uhr, Tel. 03.85.91.57.09. Außerhalb der Saison Tel. 03.85.76.27.16).

Geflügel aus der Bresse: weit über die Grenzen des Landes hinaus geschätztes Qualitätsprodukt

Ausflüge

Eco-Musée de la Bresse Bourguignonne (etwa 15 km östlich)

Einen Ausflug (auch von Mâcon [Nr. 11] oder Chalon-sur-Saône [Nr. 8] aus) lohnt das **Eco-Musée de la Bresse Bourguignonne** in **Pierre-de-Bresse**: Es ist in einem Schloß eingerichtet und zeigt eine sehenswerte Ausstellung zu Natur und Mensch in der Bresse durch die Zeiten bis heute. Ein **Museumsladen** bietet Lebensmittel und Kunsthandwerk der Region an, der **Salon de Thé** an Sommersonntagen auch Klavierkonzerte. Der zugehörige **Park** ist wunderschön (Château de Pierre-de-Bresse, Juni–Sept. 10–12 und 13–19, sonst nur 14–18 Uhr, Tel. 03.85.76.27.16). Das Eco-Musée ist Muttermuseum mit acht Filialen, deren Spezialthemen vom Wein (in Cuiseaux) bis zum Stuhlflechten (in Rancy) reichen.

Louhans (42 km südöstlich)

Louhans hat in seiner Hauptstraße, der Grande-Rue, noch jahrhundertealte Arkadengänge zu bestaunen und im Hôtel-Dieu aus der Zeit Ludwigs XIV. eine authentische Apotheke mit schönen Fayencen und Skulpturen. Montags ist Markttag mit Vieh und Geflügelhandel (von etwa 7–11 Uhr, vor allem am 1. und 3. Montag im Monat).

Praktische Hinweise

Information: Office de Tourisme, 71350 Verdun-sur-le-Doubs, am Bootshafen, BP 36, Tel. 03.85.91.87.52.

Hotel

****Moulin de Bourgchâteau**, rue Guidon (Richtung Chalon-sur-Saône), 71500 Louhans, Tel. 03.85.75.37.12, Fax 03.85.75.45.11. Gemütliche ehem.

In der Bresse freut man sich am Landleben und an den Produkten des Landes. Nach Louhans geht es zeitig am Morgen zum Markt

Frühromanik in reiner Form: St-Philibert in Tournus, eine Wallfahrtskirche, die im 10.Jh. begonnen und nach einem Brand des Jahres 1007 völlig neu erbaut wurde

Mühle an der Seille, Park, Restaurant (Di mittags, im Winter auch Mo mittags geschl.).

10 Tournus

Eine der kostbarsten romanischen Kirchen Burgunds. Sehr reizvoll ist die Altstadt.

Tournus ist im Kult für einen Märtyrer groß geworden. Es sind sogar zwei Heilige, deren Reliquien hier schon vor dem Jahr 1000 bestattet wurden, und das ist selbst in Burgund außerordentlich.

Geschichte In Erinnerung an den **hl. Valerian** (179 wegen seiner christlichen Predigten enthauptet) entstand spätestens im 6. Jh. eine **Klostergemeinschaft**, die Abbaye St-Valérien. Im 9. Jh. siedelten sich Mönche eines vom hl. Philibert (616–685) gegründeten Klosters an. Sie waren von den Normannen vertrieben worden, führten aber die Gebeine des Heiligen mit. Nach ihrer fast vierzigjährigen Irrfahrt schenkte ihnen Kaiser Karl der Kahle die Valerians-Abtei und dazu den Ort Tournus.

Gegen Ende des 10. Jh. wurde die heutige Kirche begonnen, nachdem schon zuvor eine große Wallfahrt angeordnet worden war: Einmal jährlich sollten alle burgundischen Familienväter, hieß es, in Tournus beten. Bis ins 17. Jh. war es so einer der meistbesuchten burgundischen **Wallfahrtsorte**, erst 1785 nahm Ludwig XVI. dem Abt seine Privilegien, 1790 wurden die letzten Mönche vertrieben. Seit 1802 ist die Kirche **St-Philibert** Pfarrkirche von Tournus.

Nach umfangreichen Restaurierungsarbeiten im 19. und 20. Jh. – auch der Wandverputz aus dem 18. Jh. wurde entfernt – kann man St-Philibert neben den Kirchen von Fontenay, Autun, Paray-le-Monial und Vézelay als eines der großartigen Architekturzeugnisse Burgunds und Frankreichs erleben.

Manche Besucher pilgern heute allerdings auch aus anderen Gründen nach Tournus – wegen der exquisiten kulinarischen Adressen nämlich.

Besichtigung Zwischen zwei wuchtigen Rundtürmen der alten Befestigung tritt man auf die klargegliederte schlanke

›Notre-Dame la Brune‹, die ursprünglich schwarze Madonna von St-Philibert

TOP TIP Fassade von **St-Philibert** zu. Zweitürmig geplant, wurde doch nur ein Turm ausgeführt. Ein großer Vorbau trägt das Obergeschoß, die **Michaelskapelle**, zu der man über eine schmale Wendeltreppe aufsteigt.

Im **Kirchenraum** selbst dominiert ganz die ruhige Kraft der aus behauenen Natursteinen aufgemauerten Säulen – pure frühromanische Architektur. Der Baumeister öffnete den Raum für das Licht, das durch große Rundbogenfenster der Seitenschiffe und schmale Fenster im Obergaden einfällt. Über den Säulen wölben sich einfache *Gurtbänder* und *Quertonnen*, es gibt schlichte Mauerringe statt Kapitelle und heute nur noch ganz wenig bildnerischen Schmuck. Im rechten **Seitenschiff** steht eine kostbare romanische *Madonna*, aus Zedernholz geschnitzt: ›Notre-Dame la Brune‹, ursprünglich eine ›schwarze Madonna‹, später farbig gefaßt – nicht mit dem neugeborenen, sondern mit ihrem schon herangewachsenen Sohn dargestellt, der segnend die Hand hebt.

Zart wie Blütenstengel wirken die schlanken kapitellgeschmückten **Säulen** in der Apsis. In der Mittelkapelle des Chorumgangs hinter dem Altar steht der **Schrein** mit den Gebeinen des hl. Philibert. Reiche *Kapitellskulpturen* findet man dann in der **Krypta**. Am Portal zum Rest des **Kreuzgangs** ist noch erkennbar, daß das Mauerwerk einst bemalt war. Die ehem. **Wärmestube der Mönche** birgt heute Skulpturen vom Turm.

Links seitlich der Kirche sind im **Musée Bourguignon Perrin de Puycousin** Szenen der burgundischen Vergangenheit nachgestellt (place de l'Abbaye, Apr.–Okt. Mi–Mo 9–12 und 14–18 Uhr, Tel. 03.85.51.29.68). Rechts hinab führt die Rue Bessard auf die Rue de la République zu, das langgestreckte Rückgrat der Stadt, an dem sich pittoreske kleine Plätze öffnen.

Ins einstige Hôtel-Dieu mit Krankensaal und Apotheke ist das **Musée Greuze** eingezogen, mit den liebenswürdigen Genrebildern des Rokoko-Meisters **Jean-Baptiste Greuze** aus Tournus (rue du Collège, Apr.–Okt. Mi–Mo 9–12 und 14–18 Uhr, Tel. 03.85.51.30.74). Mit seiner Palette in der Hand steht Greuze – ganz jugendlich – vor dem klassizistischen Rathaus; das **Denkmal** stammt aus dem Jahr 1868. Ein paar Schritte weiter trifft man auf die Kirche **Ste-Madeleine** aus dem 12. Jh. Entlang der Saône kann man den Spaziergang fortsetzen.

Flußabwärts lockt das Dorf **Le Villars**, Wahlheimat von Künstlern, das im Grün seiner Gärten direkt über dem Fluß liegt. Hier wie in **Farges**, in **Uchizy**, im Weinort **Chardonnay**, in **Ozenay** und in **Brancion** sind *romanische Dorfkirchen* zu entdecken, jede eine Kostbarkeit. Die Rundfahrt führt durch eine Landschaft wie von Pieter Bruegel gemalt – mal ein Weiler, mal ein Schloß, mal die weißen Tupfen einer Schafherde. Am stattlichsten: das **Château d'Ozenay**, mit Lindenallee und Taubenturm, und **Brancion**, das mit Burgruine und altem Dorf auf einem Felssporn mit schönstem Ausblick liegt. In der **Kirche St-Pierre** (12. Jh.) sind *Fresken* des 14. Jh. zu sehen, wegen des Schlüssels in der Auberge de Vieux Brancion fragen (Accueil Brancion, März–Nov. 9–19 Uhr, Tel. 03.85.51.11.41 und 03.85.10.03.83).

Praktische Hinweise

Information: Office de Tourisme, 2, place Carnot, 71200 Tournus, Tel. 03.85.51.13.10, Fax 03.85.32.18.21

Hotels

******De Greuze**, 5, place de l'Abbaye, Tel. 03.85.51.77.77, Fax 03.85.51.77.23.

An der Hauptstraße, aber ruhig im Park gelegen. Gepflegte, teure Traditionsadresse.

****Le Rempart**, 2, av. Gambetta, Tel. 03.85.51.10.56, Fax 03.85.51.77.22. Hervorragende Küche, mehrere Auszeichnungen, nicht ganz so aufwendig wie das ›Greuze‹, mit preisgünstigem ›Le Bistrot‹.

****Aux Terrasses**, 18, av. du 23 Janvier, Tel. 03.85.51.01.74, Fax 03.85.51.09.99. Angenehmes Haus mit bodenständiger Küche (Restaurant So abends und Mo geschl.).

Restaurant

Greuze, 1, rue A.-Thibaudet, Tel. 03.85.51.13.52. Exquisite Qualität und Preisklasse (zwei Michelin-Sterne).

11 Mâcon

Die Weinstadt im Süden Burgunds und ihr verlockendes Hinterland.

Heute Hauptstadt des Départements Saône-et-Loire, hat Mâcon (rund 40000 Einwohner) auch eine keltische und römische Vergangenheit. Wer mag, findet Spuren davon in den Museen, vor allem jedoch ist eine lebendige Stadt zu erkunden, mit Märkten, kleiner Fußgängerzone, architektonischen Zeugnissen seit dem Mittelalter und guten Restaurant- und Wein-Adressen.

Besichtigung Die steinernen Bögen der **Brücke St-Laurent** ①, die über die Saône führt, die Platanen, Restaurants und Hotels am Uferkai lassen mediterrane Erinnerungen aufkommen. Schade, daß die schöne Uferfront am Quai Lamartine mit dem **Lamartine-Denkmal** ② streckenweise durch Parkplätze beeinträchtigt ist. Vom **Rathaus** ③ im Louis-seize-Stil, der ehem. Villa Montrevel, sind es nur ein paar Schritte zu der gleichfalls aus dem 18. Jh. stammenden **Résidence Soufflot** ④, einem ehem. Hospiz, an dessen Portal noch eine Art Tonne zu sehen ist – einst benutzt, um unerwünschte Neugeborene abzulegen. Noch ein kleines Stück flußabwärts trifft man auf ein modernes **Fassadenbild** zur Erinnerung an die Revolution von 1848 ⑤, geht dann parallel zu den Kais auf der Einkaufsstraße, der Rue Carnot, an der neoromanischen **Kirche St-Pierre** ⑥ vorbei zur **Maison de Bois** ⑦. Vielleicht sind die unverblümt derben holzgeschnitzten Figuren nicht ganz so außerordentlich, wie in Mâcon gern behauptet wird. Aber die *Balkenfassade* ist immerhin ein halbes Jahrtausend alt und somit die älteste der Stadt. Wohl schon um 1500 ist auf der **Place aux Herbes** ⑧ Markt gehalten worden.

Fabel- und Flügelwesen an der Maison de Bois in Mâcon, schöne Beispiele spätmittelalterlicher Phantasie. Wer ist es wohl, der das Einhorn am Schwanz packen darf?

Eindrucksvoll gelang die architektonische Rettung der Reste von **Vieux St-Vincent** ⑨, der einstigen Kathedrale, von der nach der Französischen Revolution nur das Turmpaar, ein Gewölbejoch und die Vorhalle übrigblieben (Lapidarium in der Kirchenruine. Aufstieg zum Turm Juni–Sept. Mi–So und Mo 10–12 und 14–18, So 14–18 Uhr, Tel. 03.85.38.18.84).

Durch die kleine Rue St-Jean geht es weiter zur Place de la Baille und zum **ehem. Ursulinenkloster** ⑩, wo Lamartines Vater während der Revolution eingesperrt war und sich nächtlich auf einem Seil über die Straße zu seiner Familie begeben haben soll. Heute zeigt hier das **Musée Municipal des Ursulines** *archäologische Funde* u. a. vom Mont Solutré, hervorragende mittelalterliche *Skulpturen, Gemälde und Volkskunst* (allée de Matisco, geöffnet wie Vieux St-Vincent, Tel. 03.85.38.18.84).

Mit seiner *Apotheke* und der originell entworfenen *Kuppel* ist das **ehem. Hôtel-Dieu** ⑪ aus der Spätzeit des Ancien régime – Baubeginn 1761 – einen Abstecher nordwestlich wert (rue du 11 Novembre 1918, Mo und Mi–Sa 10–12, nach Anfrage im Ursulinen-Museum).

Auf dem Rückweg zum Zentrum ist einmal eine Kirche aus dem Empire zu erleben: die auf Initiative Napoleons von Bartholémy Vignon, dem Architekten der Madeleine-Kirche in Paris, erbaute neue **St-Vincent-Kathedrale** ⑫. Über die Rue Lamartine erreicht man den noblen Stadtpalast, das **Hôtel Senecé** aus dem 18. Jh., in dem das **Musée Lamartine** ⑬ an den in Mâcon geborenen Dichter der Frühromantik erinnert. **Alphonse de Lamartine** war auch Präsident der Akademie von Mâcon, die hier noch immer ihren Sitz hat (rue Sigorgne, geöffnet wie Vieux St-Vincent, Tel. 03.85.38.96.19).

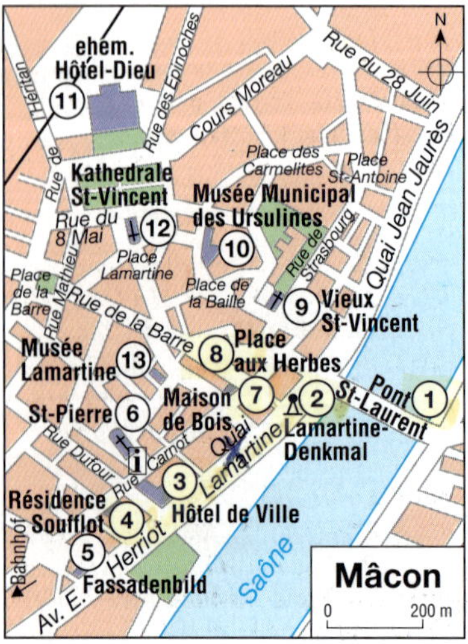

Ausflüge

La Route Lamartine

Alphonse de Lamartine (1790–1869), der ›ruhmreiche Sohn des Mâconnais‹, war Poet, Publizist und Politiker, nach der Revolution von 1848 Außenminister. Eine Rundfahrt zu seinen Lebensorten führt u. a. zum Haus seiner Kindheit und zu zwei Schlössern: **Milly-Lamartine**, wo der Dichter aufwuchs (Mai–Sept. Mi–So. Anmeldung Tel. 03.85.37.70.33), **Château Pierreclos**, eine Burg, die er besonders liebte, heute mit Weinmuseum (tgl. Juni–Sept. 9.30–18, sonst 9.30–12 und 13.30–17.30 Uhr, Tel. 03.85.35.73.73) und schließlich **Château de St-Point** mit Lamartine-Museum und schönem Park (Do–Di 10–12 und 14–18.30, So vormittags geschl., Tel. 03.85.50.50.30).

Das Geheimnis von Solutré

Ein Felsgrat wie der aufsteigende Steven eines riesigen Schiffes über der Rebenlandschaft, ein Ort noch immer voll Geheimnis: **Solutré**, wo Archäologen seit 1866 an die 100000 Skelette von Pferden und Rentieren fanden. Ob die Jäger des **Solutréen** – nach dem Winzerdorf gab man der vorgeschichtlichen Epoche von 20000–16000 v. Chr. den Namen – die Pferde zusammentrieben und grausam über den Steilhang herabstürzen ließen, wie lange vermutet wurde, scheint nach den Grabungen der siebziger Jahre doch eher zweifelhaft, vermutlich war es über Jahrtausende hin auch ein Kultort. Man kann den Felsen leicht ersteigen. Genaueres läßt sich im kleinen, am Hang in den Berg gebauten **Musée Départemental de Préhistoire de Solutré** erfahren (März–Apr. und Okt.–Dez. 10–12 und 14–17, Mai bis 18 Uhr, Juni–Sept. 10–13 und 14–19 Uhr, Tel. 03.85.35.85.24). Jahrzehntelang suchte François Mitterrand an jedem Pfingstsonntag die ›Roche mythique‹ auf, den mythischen Felsen (10 km westlich von Mâcon).

Bis heute rätselhaft: Am Felsen von Solutré fand man Skelettreste von Pferden und Rentieren in riesiger Menge

Weinrouten im Mâconnais

Weißweinfreunde finden in **Pouilly-Fuissé**, **Pouilly-Loche**, **Pouilly-Vinzelles** und **St-Vérain** eine reiche Auswahl trockener, fruchtiger Kreszenzen, beispielsweise in der Genossenschaftskellerei ›**Cave des Grands Crus Blancs**‹ in Vinzelles (Tel. 03.85.35.61.88, Mo–Sa 9–12 und 13–18, So 10–19 Uhr). Die Gamay-Reben für den Mâcon-Rouge reifen noch westlich von Solutré und im Norden des Mâconnais um die Dörfer bei Tournus. Wer mag, folgt der ›**Route des Vins Mâconnais Beaujolais**‹, die in zwölf Rundtouren ausgeschildert ist.

Praktische Hinweise

Information: Office de Tourisme, 187, rue Carnot, 71000 Mâcon, Tel. 03.85.39.71.37, Fax 03.85.39.72.19

Hotels

****Bellevue**, 416, quai Lamartine, Tel. 03.85.21.04.04, Fax 03.85.21.04.02. Hoher Komfort, mit Blick zur Saône.

Grand Hotel de Bourgogne, 6, rue Victor-Hugo, Tel. 03.85.38.36.57, Fax 03.85.38.65.92. Zentral, mit Garten.

Restaurants

Rocher de Cancale, 393 quai J.-Jaurès, Tel. 03.85.38.07.50. Gute Küche in günstigem Preis-Leistungsverhältnis (So abends und Mo geschl.).

Le Moulin de Gastronome, Champgrenon, 540, route de Cluny, 71850 Charnay-les-Mâcon, Tel. 03.85.34.16.68. Kreative Kochkunst mit regionalen Spezialitäten, obere Preisklasse. Am Stadtrand (Mi und So jeweils abends geschl.).

Einkaufen

La Maison des Vins, 484, av. de Lattre-de-Tassigny, Tel. 03.85.38.36.70, Fax 03.85.38.62.51. Eine musterhafte Einrichtung, mit Ausstellung und reichem Angebot an Mâcon- und Chalonnais-Weinen und aus dem benachbarten Beaujolais (auch Fruchtliköre und Marc de Bourgogne), mit Beratung, Weinseminaren und einem Raum für Kinder. Kinderspezialität: An einem originellen Computergerät können sie spielend Gerüche und Aromen unterscheiden lernen, als Vorbereitung für die künftige Weinkennerschaft (Weinverkauf tgl. 10–19 Uhr, Ausstellung und Bücher-/Geschenkeverkauf 15. Juni–14. Sept. Mo–Fr 10–19, Sa/So 11–19 Uhr, sonst Mo–Sa 10–18 Uhr). Ein Restaurant bietet preisgünstige regionale Gerichte an (tgl. 8–21 Uhr).

Sport

Mehrere **›Centres équestres‹** mit Angeboten zu Reitstunden und Ausritten für Erwachsene und Kinder. **Golf** von Mâcon-La Salle, ganzjährig, Tel. 03.85.36.09.71. Ausgeschilderte **Wander- und Radwege. Flußtourismus**, Verleih von Booten, auch für einen Tag (Navi-Saône/Camping les Peupliers, 01190 Pont de Vaux, Tel. 03.85.32.30.84).

12 Cluny

Für zwei Jahrhunderte das geistliche Zentrum der Christenheit – heute nur noch in beeindruckenden Resten und rekonstruierten Modellen zu bewundern.

Man kann wegen des **Reitsports** nach Cluny und zum ›Nationalen Gestüt von Burgund‹ kommen. Die Liste der Renntermine und Reitsportereignisse ist ziemlich lang. Oder man reist nach Cluny wegen des **›Festival Musical de Grands Crus‹** (alte Musik, Wein-Degustation und Weinberg-Promenaden, 1997 zum 31. Mal). Aber am meisten zieht doch die Erinnerung an jene Epoche des Mittelalters an, in der Cluny mit seiner im Jahre 910 gegründeten **Reformabtei** als ein ›zweites Rom‹ (Roma secunda) glänzte.

Geschichte Betroffen steht man vor dem heute fast leeren Raum, den diese riesige Kirche einst ausfüllte. Im Jahr 1088 legte Abt Hugo den Grundstein zu der **dritten Abteikirche** (die beiden ersten, im 10. Jh. entstanden, waren zu

Selbst angesichts des exakten Museumsmodells fällt es schwer, sich die einstige Größe der Abtei von Cluny vorzustellen: ›Cluny III‹, 1130 geweiht, war rund 200 m lang

Im Museum der Abtei: prächtige Kapitell-fragmente

klein geworden), 1130 wurde **›Cluny III‹** von Papst Innozenz II. geweiht. Heute steht von diesem bedeutenden Bauwerk nur noch ein Arm des hohen südlichen Querschiffs. Fast ein halbes Jahrtausend, bis zum Bau des römischen Petersdoms, war ›Cluny III‹ hingegen die ›größte Kirche‹ der katholischen Christenheit. In ihrer Glanzzeit im 12. Jh. unterstanden der Abtei von Cluny Hunderte von Klöstern, »frei von aller Macht der Könige, Bischöfe und Grafen«.

Der lange **Niedergang** begann bereits im 13. Jh., und nach der Französischen Revolution wurde das riesige Bauwerk mit seinen fünf Schiffen und zwei Querschiffen auf Abbruch verkauft. Es ist sehr empfehlenswert, sich von einem der Führer die Höhen und Tiefen in der Geschichte dieser außerordentlichen Abtei berichten zu lassen.

Besichtigung Von der Abtei sind noch **Ummauerungen mit vier Türmen**, mächtige **Stümpfe der Westfassadentürme**, der **Clocher de l'Eau Bénite** (= Weihwasserturm), eine **gotische Fassade** aus dem 13. Jh., das **Gästehaus** (Ecuries St-Hugues, – ehem. Pferdeställe) und zwei **Kornspeicher**, repräsentative Bauten der Renaissance (heute Musée Ochier und Rathaus) sowie **Klostergebäude aus dem 18. Jh.** zu sehen (tgl., Apr.–Juni und 22.–30. Sept. 9.30–12 und 14–18 Uhr, Juli–21. Sept. 9–19 Uhr, winters eingeschränkt, Tel. 03.85.59.12.79, auch Führungen).

Einen guten **Blick** auf das historische Zentrum, auf den breiten Talgrund der Grosne und auf die Türme der **Kirchen Saint-Marcel** (11./12. Jh.) und **Notre-Dame** (13. Jh.) und die alte Befestigung hat man von der Turmstube der **Tour de Fromage** (ehem. Teil der Abtei, im Erdgeschoß das **Office de Tourisme**). Ein **Rundgang** kann über das Areal der Abtei führen und westlich davon zur Rue de la République, wo noch Wohnhäuser aus dem 12. und 13. Jh. erhalten sind, die ›Maisons Romanes‹.

Museum und Gestüt

Unverzichtbar für all diejenigen, die sich einen Einblick in die Vergangenheit Clunys verschaffen wollen, ist das jüngst aufwendig erneuerte **Musée Ochier**, heute **Musée d'Art et d'Archéologie** am Westrand des Abteibezirks. Anschaulich sind Ergebnisse der langjährigen *Grabungen* des amerikanischen Archäologen Kenneth J. Conant dargestellt (audiovisuelles Programm). *Originalskulpturen* und *Fragmente der Abteibauten* – vom Portal der Kirche, Kapitellschmuck – sowie die *bibliophilen Highlights* der kostbaren Klosterbibliothek lassen die einstige, auch künstlerische Größe Clunys ahnen (tgl., gleiche Öffnungszeiten wie die Abtei [s. links], Tel. 03.85.59.23.97).

Durch den Park der Abtei erreicht man die **Gestüte**, die auf Initiative Napoleons entstanden und heute sowohl Vollblüter

Dürfen besichtigt und bewundert werden: Vollblüter in den Gestüten von Cluny

Berzé-la-Ville bei Cluny: Unter einer dicken Putzschicht fand sich ein noch völlig erhaltener Zyklus romanischer Wandmalerei

als auch Reitpferde ausbilden (Besichtigung tgl. kostenlos 9–19 Uhr, die Pferde sind meist von Mitte Juli bis Anfang März im Gestüt, in der übrigen Zeit bei den Besitzern).

Südöstlich von der Tour de Fromage kommt man über die Rue Lamartine und Rue de la Liberté zum **Hôtel-Dieu** aus dem 17. Jh. (erweitert im 19. Jh.). In der **Kapelle**: *Statuen* der Eltern des Kardinal de Bouillon und Abtes von Cluny, ursprünglich für ein pompöses Mausoleum bestimmt, das aber auf Einspruch Ludwigs XIV. nie gebaut wurde (tgl. 14–17 Uhr, außer zu den Gebetszeiten, Führungen Sa 14 und 15 Uhr). In der Nähe auch die **Kirche St-Marcel** sowie weitere Wohnbauten des Mittelalters.

Ausflüge

Grotten: Azé und Blanot

(12 km östlich bzw. 10 km nordöstlich)

Ein unterirdischer Fluß, menschliche Spuren noch aus der Altsteinzeit, eine Bärenhöhle und Stalaktiten machen die mehrstöckig verzweigten **Grotten von Azé** attraktiv, ein **Museum** zeigt faszinierende Funde (20. März – Sept. 10–12 und 14–19 Uhr, im Okt. nur sonntags).

Nordwestlich von Azé sind auch die **Grotten von Blanot** am Mont St-Romain zu besuchen, mit seinem Naturschutzgebiet und einem großartigen Ausblick (Palmsonntag bis Sept. 9.30–12 und 13.30–18 Uhr, Tel. 03.85.50.03.59).

Berzé-la-Ville (12 km südlich)

Vor gut hundert Jahren, 1887, wurden sie erst wiederentdeckt: die **Fresken** in der **Chapelle des Moines** (Kapelle der Mönche, 11./12. Jh.) mit dem fast 4 m großen Christus und Heiligen, unter ihnen die Patrone der Kapelle, Blasius und Laurentius. Die Gewänder in auffällig byzantinischem Stil und die übrigen Wandbilder in Chor und Apsis gehören zu den wichtigsten burgundischen Zeugnissen romanischer Malerei (Mai–Sept. 9–12 und 14–18 Uhr, Apr. und Okt. nur bis 17.30 Uhr, Tel. 03.85.36.66.52).

Praktische Hinweise

Information: Office de Tourisme, 6, rue Mercière, 71250 Cluny, Tel. 03.85.59.05.34, Fax 03.85.59.06.95

Hotels/Unterkunft

********Hôtel de Bourgogne****, 1, pl. de l'Abbaye, Tel. 03.85.59.00.58, Fax 03.85.59.03.73. Lebendige burgundische Tradition, sehr komfortabel, direkt bei der Abteikirche. Restaurant mit Auszeichnungen.

*__Cluny Séjour__, rue Porte de Paris, Tel. 03.85.59.08.83, Fax 03.85.59.26.27. In ehem. Benediktinerkloster, Zimmer mit 2, 3 und 4 Betten, Empfang 17–22 Uhr.

**__Moulin Arbillon__, Chambres d'hôtes von Charles und Sylviane Dubois-Favre, 71520 Bourgvilain, Tel. 03.85.50.82.83, Fax 03.85.50.86.32. Sehr gut eingerichtetes Haus mit Park in idyllischer Hügellandschaft und günstiger Lage, auch für Wanderungen: 6 km von Cluny, etwa 20 km von Mâcon.

Restaurants

Le Potin Gourmand, champ de Foire, Tel. 03.85.59.22.58. Westlich vom Zentrum, mit Garten, auch drei Zimmer.

La Pierre Sauvage, Col des Enceints, 71520 Bourgvilain, Tel. 03.85.36.94.16, Mitten im Wald am ›Sentier Lamartine‹, gepflegte Küche (Mo abends geschl.). Etwa 8 km südlich, 15 km von Mâcon.

13 Château de Cormatin

Wie aus dem Bilderbuch: ein Renaissanceschloß mit abwechslungsreichem Park.

Wer zählt Burgunds Burgen und Schlösser, samt Ruinen und schloßähnlichen Herrenhäusern? Cormatin ist nicht einer der ältesten oder größten Adelssitze, aber einer der besuchenswertesten. Schon vom Verfall bedroht, haben neue Besitzer Schieferdach und Fassade des um 1605–15 – wahrscheinlich von Jacques II. Androuet du Cerceau – erbauten **Schlos-**

Jede Woche Welttreffen: Taizé

Die ersten zwei Jahre lebte der junge Theologiestudent **Roger Schutz** *allein in Taizé. 1942 schlossen sich dem Schweizer drei Brüder an, und 1949 verpflichtete sich schließlich eine kleine Gemeinschaft auf ein Leben ohne Ehe und persönliches Eigentum. So begann die* **›Communauté de Taizé‹**, *die über die Grenzen der Konfessionen hinweg für ein Leben im Vertrauen auf die Lehre Christi und für Versöhnung unter den Menschen eintritt. In dem kleinen burgundischen Dorf (etwa 13 km nördlich von Cluny) begegnen sich alljährlich an die hunderttausend Menschen. Die meisten sind zwischen 17 und 25, sie leben in einer* **Hütten- und Zeltstadt** *um die ›Kirche der Versöhnung‹. Dreimal täglich treffen sie sich zum Gebet und zu den* **›Gesängen aus Taizé‹**.

Von dem religiösen Zentrum Taizé, dessen Kern die Gemeinschaft von etwa 90 Brüdern ist, gehen auch organisierte Impulse aus, beispielhaft sind die **›Europäischen Jugendtreffen‹** *(jedes Jahr in einer anderen Großstadt) und der* **›Pilgerweg des Vertrauens auf der Erde‹**, *immer wieder mit Hilfsaktionen und immer mit dem Ziel, aus dem eigenen Lebenskreis hinaus Grenzen zwischen Personen, Generationen,*

Seit mehr als einem halben Jahrhundert schon versammelt Roger Schutz Menschen verschiedener Konfessionen im Geiste Christi

Konfessionen und Nationen zu überschreiten. Seit 1966 engagieren sich auch die katholischen Schwestern von St-André im Nachbardorf für Taizé. Man kann zwei/drei Tage oder länger bleiben (71250 Taizé-Communauté, Tel. 03.85.50.30.03, Fax 03.85.50.30.16).

Taizé ist per Bahn erreichbar, der Ort steht sogar im Kursbuch der Deutschen Bahn. Busverkehr von Ende Februar bis Anfang November von Karlsruhe (ermäßigte Bahnanschlüsse in Frankreich), im Sommer auch direkte Fahrten, über Regenbogen-Fahrtendienst, Hartensteinstr. 15, 71638 Ludwigsburg, Tel. 07141/903977, Fax 903976.

Lebensspuren aus vier Jahrhunderten in Schloß Cormatin: die reiche Ausstattung zeigt Wohnkultur der Renaissance, der Belle Epoque und unserer Gegenwart

ses erneuert und sind dabei, auch den wunderschönen Park im Stil der Renaissancegärten neu zu beleben, mit mythologischer Symbolik. Der Südflügel der ursprünglich dreiflügeligen Anlage war schon 1815 zusammengebrochen und wurde nicht wiederhergestellt.

Der Prunk entfaltet sich im **Inneren**, schon in der Repräsentativ-Architektur des 25 m hohen **Treppenhauses** (1610), vor allem aber in den **Salons der Beletage**. Der Sohn des Erbauers, Jacques du Blé, zum Marquis d'Huxelles geadelt und in der Finanzwelt zu Hause, beauftragte Maler, Bildhauer und Dekorateure aus Paris und befand das Beste für gerade gut genug. Für die blauweißgoldenen **Balkendecken** wurde Lapislazuli und Blattgold verwendet, ein Aufwand, der bis heute eine Restaurierung ersparte.

Erotische Freuden gehörten zum Lebensprogramm, wie üppige Aktbilder vermuten lassen. Dem inneren Halt diente ein **Salon der Tugendbilder** mit Darstellungen u. a. von Gerechtigkeit, Mäßigung und Mut. Von der Mutter eines unmündigen Schloßherrn wird erzählt, daß sie allabendlich mit ihrer Pistole die Runde auf den Wällen machte.

Nach der auch kunsthistorisch hochbeachtlichen Einrichtung aus dem 17. Jh. und einem Salon aus der Zeit Napoleons III. erblickt man schließlich ein echtes **Belle-Epoque-Schlafzimmer**. Der Direktor der Oper von Monte Carlo, Raoul Gunsbourg, soll damit die Diva Cécile Sorel erfreut haben. Die Reihe **illustrer Cormatin-Besucher** reicht von Corneille und Lamartine (der mit der Tochter des damaligen Besitzers, Lina de Pierreclos, einen Sohn hatte), Caruso und Schaljapin bis zu den europäischen Monarchen von heute. Auch Gorbatschows Porträt mit Widmung steht im Salon.

Die neuen Besitzer sind offensichtlich sehr stolz auf ihren Besitz und führen gelegentlich selbst durch das Haus (Mai–Sept. tgl. 10–12 und 14–18.30 Uhr. Ostern bis Ende Apr. und Okt.–11. Nov. bis 17.30 Uhr, Tel. 03.85.50.16.55. Auch der Park ist nur gegen Eintritt zugänglich).

Ausflüge

Chapaize (5 km östlich, auch gut von Tournus [Nr. 10] aus zu erreichen)

Eine der urtümlichsten Kirchen der Romanik blieb im Dorf Chapaize erhalten. Der 34 m hohe schlanke **Glockenturm** von **St-Martin** erinnert an einen italienischen Campanile. Um so wuchtiger wirken die tonnenartigen **Rundpfeiler** im Innern des fünfschiffigen frühromanischen Baus (11. und 12. Jh.). Trotz dieses massiven Eindrucks sind sie in der Höhe unter der Last des mit rotgelben *Rautenbändern* geschmückten **Deckengewölbes** deutlich auseinandergewichen. Reste von *Blattornamenten* finden sich noch im Chor. Im Mittelalter gehörte St-Martin zur Benediktinerabtei von Chalon-sur-Saône, Generationen von Novizen wurden hier ausgebildet.

St-Gengoux-le-National

(12 km nördlich)

1983 wurden im Zusammenhang mit dem Gesetz zur Dezentralisation auch die ›Zones de protection du patrimoine architectural et urbain‹ geschaffen. Dieses Schutzprogramm für das architektonische und städtebauliche Erbe Frankreichs, dem bereits über 100 Dörfer und kleine Städte angehören, kommt auch St-Gengoux-le-National zugute. Zwischen den kleinen Flüssen Grosne und Guye existierte Gengoux schon als gallorömische Siedlung. Den Zunamen ›National‹ verlieh ihm Ludwig der Heilige, und von jener **mittelalterlichen Ära** ist die kleine Stadt am Hügelhang in ihrer Architektur mit Fachwerk und farbigen Ziegeln noch immer geprägt – ein **burgundisches Schmuckstück.**

Praktische Hinweise

Hotel/Unterkunft

****L'Ecu d'Or**, 71460 Cormartin, Tel. 03.85.50.10.94, Fax 03.85.51.03.33. Bequem und ruhig, zwischen Dorf und Schloßpark gelegen.

****Chambres d'Hôtes Béatrice Montaigut**, 71460 St-Huruge, Tel. 03.85.96.20.64. Altes Weinberghaus mit zwei komfortablen Gastzimmern (15. Nov.–15. Apr. geschl.). Etwa 20 km nordwestlich, über die D 14, D 980, D 426.

14 Le Creusot

Vom königlichen Kristall zum Imperium des Stahls – und wieder in eine neue Zukunft.

Wie in einem Roman von Emile Zola stellen sich die Kontraste von Le Creusot dar – endlos graue Straßenzüge von **Arbeiterwohnungen** in der Stadt, droben auf dem Hügel der Park mit dem **Schloß**, in dem die Fabrikherren residierten. Allerdings muß man der historischen Wahrheit die Ehre geben: die Schneider-Dynastie [s. u.] gehörte nicht zu den skrupellosen Ausbeutern, sie sorgte für Wohnungen und Bildungsprogramme. Das alles ist Vergangenheit. Heute sind Le Creusots Hochöfen demontiert.

Geschichte Der natürliche Reichtum an Eisen und Kohle wurde schon seit dem Mittelalter erschlossen. Doch weder die **Kristallmanufaktur** der Königin Marie-Antoinette (seit 1785) noch die von zwei Briten gegründete **Kanonenfabrik** waren auf Dauer erfolgreich. Was die Krupps für das Ruhrgebiet waren, wurde seit den dreißiger Jahren des 19. Jh. die Familie Schneider für das burgundische Revier.

Die Brüder **Eugène und Adolphe Schneider** investierten, bauten Lokomotiven, Brücken und Hochöfen, produzierten Stahl und Nickel, Artillerie und schließlich auch Atomkraftwerke. Heute sind in Le Creusot etliche Schneider-Chefs in Denkmalsbronze gegenwärtig, aber sie haben das weiße Schloß auf dem Hügel geräumt und seit 1960 die Leitung des Industrieimperiums abgegeben. Die Ära des Paternalismus ist auch hier zu

Industrie-Tycoon des 19. Jh.: Eugène Schneider, einer der beiden Gründer des Stahl-Imperiums von Le Creusot

Im Château de la Verrerie ließ Marie Antoinette Kristallglas fertigen. Der Schneider-Familie diente es als Wohnsitz, und heute beherbergt das Schloß ein Museum

Ende. Le Creusot sucht eine neue Zukunft, und mit einem **neuen Technologiezentrum**, u.a. für Flugzeugbau, beginnt sie bereits. Dank der TGV-Station östlich der Stadt ist Le Creusot nur noch anderthalb Stunden von Paris entfernt.

Besichtigung Ohne Zweifel am interessantesten ist das **Château de la Verrerie** mit Nebengebäuden und Park, einst die Kristallmanufaktur Königin Marie-Antoinettes und später Schneider-Residenz, heute Museum (Mo–Fr 9–12 und 14–18, Sa/So 14–18 Uhr, Tel. 03.85.55.02.46 = Office de Tourisme).

Vor allem dreierlei ist hier zu besichtigen: Das **Théâtre de poche**, ein elegantes Zimmertheater, entstand 1905 wohl als einziges Theater der Welt in einem ehemaligen Ofen – in einem der beiden schon 1833 stillgelegten kegelförmigen Glasschmelzöfen der Kristallmanufaktur. Das **Musée de l'homme et de l'industrie (Ecomusée)** zeigt im Château de la Verrerie, dem einstigen Manufakturgebäude, Stadt- und Firmengeschichte mit einer Sammlung von Kristallglas.

Die Ausstellung ›Le métal, la machine et les hommes‹ im **Centre des Techniques**, läßt den Weg der Schneider-Unternehmen von der ersten französischen Dampflokomotive (1838) bis zum Engagement in der Atomindustrie und beim TGV nachvollziehen – ein faszinierendes Kapitel **Industriegeschichte**, allerdings nur mit dürftigen Informationen über die Arbeitenden.

Ferner kann man im Schloß Wohnräume der Schneider-Familie aus den dreißiger Jahren besichtigen.

Neu angelegt wurden der **Jardin des terrasses** unterhalb des Château de la Verrerie und der **Parc de loisirs de Combes** (= der kleinen Täler), mit einer touristischen Mini-Eisenbahn, einem Dutzend Attraktionen und seit 1996 auch mit einer Sommerrodelbahn (435 m Länge, bis 40 km/h, schon für Siebenjährige). Buchung: Gare des Combes, rue des Pyrénées, Tel. 03.85.55.26.23, und Office de Tourisme, Tel. 03.85.55.02.46.

Ausflüge

In der Umgebung gibt es noch mehr Zeugnisse der Technik- und Industriegeschichte: z.B. in **Blanzy** (14 km südlich) das *Musée de la Mine* (34, rue du Bois-Clair, Juli–Mitte Sept. tgl. 14.30–18 Uhr, Mitte März–Juni und Mitte Sept.–Mitte Nov. Sa/So 14.30–18 Uhr. Tel. 03.85.68.22.85) und ein weiteres *Musée de la Mine* im Nachbarort **Montceau-les-Mines**.

Ein Museum des ›Canal du Centre‹, der als Saône-Loire-Verbindung für den Aufstieg Le Creusots wichtig wurde, ist etwa 10 km südöstlich in **Ecuisses** zu besichtigen, die *Maison du Canal* (Juli–Mitte Sept. Di–Sa 15–18, So 15–19 Uhr, Ostern–Juni und Sept.-Allerheiligen nur So, Tel. 03.85.78.92.22).

Noch ein Ausflug ins Mittelalter: Das wohl interessanteste Schloß der Region ist das **Château de Marguerite de Bourgogne** aus dem 10. Jh. beim Winzerort **Couches**, mit Wandgemälden und gotischer Kapelle und der Überlieferung, Marguerite, Gattin Ludwigs X. habe hier gern ihre Liebhaber empfangen – oder hatte sie der König als Ehebrecherin aus Paris hierher verbannt? (Juni–Sept. tgl. 14.30–18, Juli/Aug. auch 10–12 Uhr, Apr./Mai und Okt. So 14.30–18 Uhr, Tel. 03.85.45.57.99).

Schöne burgundische Landschaft und zugleich das wohlerhaltene Bild eines der ältesten Hügelorte des Landes bietet **Gourdon** (über die D980 etwa 30 km südlich von Le Creusot). Schlangen-Ungeheuer und eine Eva mit schweren Brüsten haben die Bildhauer des frühen 12. Jh. an den *Säulenkapitellen* der blockhaft wuchtigen **Kirche** geschaffen, die jüngst restaurierte *Malerei des Chors* zeigt eine große Christusfigur in einer Mandorla.

Auf einem benachbarten Granitkegel, dem 610 m hohen **Mont St-Vincent**, blickt man vom Kirchplatz oder dem Aussichtspunkt bei der Place du Château weit über die Hügel des Charolais. Die **Kirche** von Mont St-Vincent ist eine *romanische Kostbarkeit* (11. Jh.), mit Vorhalle und thronendem Christus im Bogenfeld über dem Portal. Der Ort wird viel besucht, es gibt hier auch, im Gegensatz zu den anderen Dörfern des Umkreises, Andenkenläden. Das private **Musée Archéologique** öffnet allerdings nur von Mitte April bis Ende September (nur So und Fei, 15–19 Uhr, etwa 100 m von der Kirche, im ›Grenier de Sel‹, dem altersgrauen Salzspeicher. Tel. 03.85.57.38.51).

15 Autun

Das römische Augustodunum, der Bildhauer Gislebertus und die grünen Hänge des Morvan.

Autun liegt nicht im Naturpark Morvan, aber noch im Kranz von Morvan-Hügeln und ist ein guter Platz für naturliebende Gäste, die abends Auswahl unter mehreren guten Restaurants nicht weit von ihrem Quartier schätzen. Für Kunstfreunde sind die romanischen Skulpturen der Kathedrale St-Lazare eines der Wunschziele jeder Burgundreise.

Geschichte Um 15 v. Chr. wurde Autun auf Befehl des Kaisers Augustus gegründet, als Handelsplatz, vielleicht aber auch bewußt als ›Rom Galliens‹, als Gegengründung zu dem von Cäsars Truppen zerstörten keltischen Zentrum Bibracte

Farbenzauber über den Hügeln des Morvan, im Vordergrund die Türme der Kathedrale von St-Lazare – das 2000jährige Autun ist ein Ort voller Schönheit und Geheimnis

[Nr. 52]. Die christlichen Missionare kamen früh. Schon im 2. Jh. erlitt der hl. Symphorion in Augustodunum das Martyrium. Für das mittelalterliche Christentum machten die Reliquien des hl. Lazarus Autun zu einem **Pilgerziel**, ähnlich wie jene der Maria Magdalena die Kirche von Vézelay [Nr. 26]. Die *Legende Aurea* erzählt davon, wie beide aus Palästina nach Frankreich gelangten und später dort bestattet wurden. Trotz des Streits zwischen Autun und Avallon [Nr. 27] um die authentischen Lazarus-Reliquien blühte Autuns Wohlstand um die im 12. Jh. auf dem Stadthügel erbaute Kathedrale. Heute stehen noch immer 6 km lang die im Kern antiken Stadtmauern, und die Straßen Autuns führen durch römische Stadttore. Die Stadt – heute etwa 20000 Einwohner – hat im Nordwesten beim Arroux-Fluß auch ihre industrielle Zone St-Andoche (z. B. Flugzeugbau).

Besichtigung Die Straßen hinauf zur Oberstadt sind nicht fußgängerfreundlich. Am besten fährt man mit dem Wagen zur **Kathedrale St-Lazare** ①, einem Hauptwerk der burgundischen Romanik. Im Rahmen eines Rekonstruktionsplans von 1994, der auch restauratorische Mißgriffe aus dem 19. Jh. heilen soll, wird an dem 1120 begonnenen Bau (geweiht 1130) wieder intensiv gearbeitet. Als eine der großartigsten künstlerischen Leistungen aus dem 12. Jh. blieb das **Tympanon** mit der Darstellung des *Jüngsten Gerichts* im 18./19. Jh. unter einer Mörtelschicht erhalten, samt dem Schriftzug des Künstlers: »Gislebertus hoc fecit« (Gislebert hat dies gemacht).

Schön fällt das Vormittagslicht in den Chor, eher dunkel wirkt das Langhaus, nur vom Obergaden her erhellt. Von den 101 Kapitellen sind **49 Figurenkapitelle**, die im 19. Jh. von dem Restaurator Viollet-le-Duc aus statischen Gründen

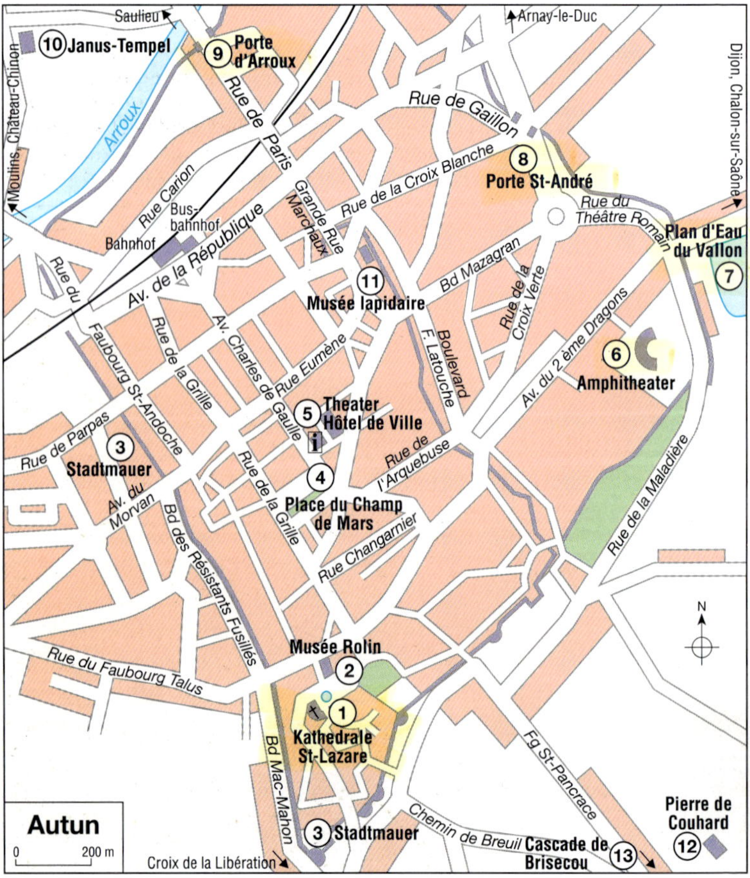

Endzeit-Skulptur der Romanik: Die Vorhalle des Westportals von St-Lazare mit dem Weltgerichts-Tympanon des Gislebertus – eine dramatische Erzählung in Stein

(Verstärkung der Pfeiler) zum Teil durch Kopien ersetzt wurden. Die Originale, darunter die Darstellung des erhängten Judas, sieht man jetzt im **Kapitelsaal**. Rechts im **Chor:** das marmorne *Doppelporträt* des Kapitelherrn **Pierre Jeannin** mit seiner Frau aus dem 17. Jh. Der war ein kluger Mann: »Man muß den Souveränen langsam gehorchen, wenn sie in Wut sind«, sagte er 1572, als er sich weigerte, in Autun in der ›Bartholomäusnacht‹ die Hugenotten ermorden zu lassen.

Die schönsten *romanischen Skulpturen* sind im **Musée Rolin**‹ ② ausgestellt, TOP TIP wenige Schritte von der Kathedrale, darunter die Reste des *gotischen Mausoleums* für die Lazarus-Reliquien und die ganz ungewöhnliche Darstellung der *Eva*

Porträtskulptur im 17. Jh.: An ihrem Grabmal in St-Lazare sind der Kapitelherr Pierre Jeannin und seine Frau in Andacht dargestellt

Musée Rolin: Gotische Bildniskunst, wie sie in so schöner Formung eines männlichen Antlitzes nur selten erhalten blieb

vom Westportal der Kathedrale: durch Buschwerk kriechend, schlangenhaft, und zugleich voll menschlicher Empfindung. Die großartige, reiche Sammlung zeigt auch *Malerei* vom Mittelalter bis zum 19. Jh. und eine Fülle gallorömischer *Funde* (5, rue des Bancs, Apr.–Sept. Mi–Mo 9.30–12 und 13.30–18, So erst ab 14.30 Uhr, übrige Zeit kürzer, Tel. 03.85.52.09.76).

Ein Rundgang durch die noch altertümliche **Oberstadt** führt über die Rue Rivault zum ehem. Ursulinenkloster (heute Komforthotel) und zum benachbarten **Relais des Ursulines**, einem gemütlichen Bistro à l'Américaine (2, rue Dufraigne, Tel. 03.85.52.26.22). Pizzerien und Antiquitätenläden liegen am Weg. Bald öffnet sich der Blick in grüne Landschaft, und an der bis zu 8 m hohen **Stadtmauer** ③ und ihren Türmen kehrt man auf dem Boulevard Mac-Mahon und durch die Rue Cocand ins Kathedralviertel zurück.

Ein zweiter kurzer Rundgang führt um den Marktplatz, die **Place du Champ de Mars** ④, mit seiner langen Terrasse, dem **Musikpavillon** im Stil der Belle Epoque und Cafés – und zum pompösen Zwillingspaar der beiden Renommierbauten aus dem 19. Jh.: **Hôtel de Ville** und **Theater** ⑤. Mittwoch und Freitag sind Markttage.

Das antike Autun

Für die dritte Runde lohnt sich der Wagen, ihre Hauptpunkte liegen in weitem Kranz um das Stadtzentrum: Das größte antike **Amphitheater** Galliens ⑥, aus dem 1. Jh., mit seinem noch erhaltenem Halbkreis der Sitzreihen für 12 000 Zuschauer, und dicht benachbart das Freizeitgelände um den künstlichen See **Plan d'Eau du Vallon** ⑦. Nördlich davon steht das antike Stadttor, die **Porte St-André** ⑧, die ihren christlichen Namen nach der benachbarten Kirche hat, und wieder einige Straßen weiter die **Porte d'Arroux** ⑨ mit ihrem prägnanten Dop-

Erstaunlich gut hat auch das römische Stadttor die Zeiten überdauert, das seinen Namen nach der benachbarten Kirche hat: die Porte St-André im Norden von Autun

Ein Wasserschloß in der klassischen Symmetrie der Renaissance: Sully-le-Château, auch das ›Fontainebleau Burgunds‹ genannt

pelbogen. Nördlich vom Fluß führen Fußwege durch Anglergelände zum sog. **Janus-Tempel** ⑩, dem 24 m hohen Mauerrest wohl eines Tempelbaus des 1. Jh. n. Chr., der von einem Säulengang umgeben war.

Auf dem Rückweg zum Zentrum lohnt der Besuch im **Musée lapidaire** ⑪, das in einer ehem. Kapelle und einem wie verwunschen wirkenden Baumgarten Skulpturen und Architekturfragmente aus Antike und Mittelalter zeigt (rue St-Nicolas, Mitte Apr.–Sept. Mi–Mo 10–12 und 14–18 Uhr, übrige Zeit kürzer, im Febr. geschlossen, Tel. 03.85.52.35.71).

Zu einem anderen rätselhaften Bauwerk der Antike führen Straße und Fußweg nach Südosten aus der Stadt hinaus zum Dorf Couhard: Der **Pierre de Couhard** ⑫, einst wohl eine Pyramide. Er birgt aber kaum Druiden-Geheimnisse, sondern war wohl ein gallorömisches Grabmal.

Ausflug

Château de Sully (15 km nordöstlich)

Anzy-le-Franc, St-Fargeau, Sully – schwer zu entscheiden, welches der drei das imposanteste Renaissanceschloß Burgunds ist. Das **Château de Sully** inmitten seines großen Parks, seiner Alleen und Wassergräben zeigt sich jedenfalls trotz langer Baugeschichte vom 12. bis 19. Jh. als überaus harmonisch-elegantes Vierflügelschloß (Neugestaltung im 16. Jh. durch Jean de Saulx). Die heutigen Eigentümer sind Nachfahren des Marschalls Patrice Maurice Comte de Mac-Mahon, Herzog von Magenta (1808–1893), der 1873 zum zweiten Präsidenten der Französischen Republik gewählt wurde – damals der Dank für die mitleidlose Niedermetzelung der Pariser Kommune. Geführte Besuche sind wieder möglich (Juni bis Okt. 14–18 Uhr, Gruppen nach Anmeldung ganzjährig, Tel. 03.85.82.10.27).

Praktische Hinweise

Information: Office de Tourisme, 3, av. Charles-de-Gaulle, 71400 Autun, Tel. 03.85.52.20.34, Fax 03.85.86.10.17

Hotels

*****Les Ursulines**, 14, rue Rivault, Tel. 03.85.52.68.00, Fax 03.85.86.23.07. Ruhiges komfortables Haus mit Garten am oberen Stadtrand.

****La Tête Noire**, 1/3, rue de l'Arquebuse, Tel. 03.85.52.25.39, Fax 03.85.86.32.54. Charme der Vergangenheit. Sehr gutes Preis-Leistungsverhältnis im Restaurant.

Restaurants

Le Chalet Bleu, 3, rue Jeannin, Tel. 03.85.86.27.30 1996 renoviert. Mit kulinarischem Ehrgeiz (Mo abend und Di geschl.).

Le Chateaubriant, 14, rue Jeannin. Tel. 03.85.52.21.58. Gutes Stadtrestaurant hinter dem Theater.

Sport

Golf d'Autun, ganzjährig, 9-Loch-Platz (Tel. 03.85.52.09.28), **Tennis** (Tel. 03.85.86.20.96) und im ›Plan d'Eau du Vallon‹ am östlichen Stadtrand auch **Reiten** (Etrier du Morvan, Tel. 03.85.52.37.87), **Klettern** (Club Alpin Français, Tel. 03.85.52.07.50), **Angeln** (La Gaule Autunoise, Tel. 03.85.52.71.74) und **Segeln** (Club de Voile Autunois, Tel. 03.85.52.28.16). Viele **Wandermöglichkeiten**, auch in der nahen Umgebung, z. B. über den Chemin de Breuil und die Rue Cascade zum **Brisecou-Wasserfall** ⑬.

16 La Boulaye: Kagyu Ling

›Tempel der tausend Buddhas‹: der Himalaya in Burgund.

»Im Kagyu Ling, dem Tempel der tausend Buddhas, braucht niemand den Himalaya, um zu meditieren«, heißt es in La Boulaye. Seit 1974 existiert hier aufgrund einer Schenkung »der glückliche Garten, in dem der Geist die Lehre Kagyus findet«. 1987 folgte der ›Stupa der Erleuchtung‹. Der **›Tempel der tausend Buddhas‹**, in der Nachbarschaft eines französischen Schlosses erbaut, wurde 1987 geweiht (Besuch: sommers Mi, Sa, So 15–19, winters 14.30–18 Uhr, während der Schulferien und Juli/Aug. tgl.). Er war der erste Himalaya-Tempel in Europa. In seinen drei riesigen **Buddha-Statuen** enthält er Relikte vieler dem Buddhismus heiliger Stätten.

La Boulaye: buddhistischer ›Diamantweg‹, von tibetischen Mönchen gelehrt

Der Gründer **Kalu Rimpotche**, 1904 in Tibet geboren, starb 1989 in Indien. Seine Lehre folgt der Tradition des buddhistischen *›Diamant-Wegs‹*, auf dem das Individuum mehr und mehr sein eigenes Ego zurücksetzt, um inneren Frieden und vollkommene Freiheit zu erreichen. Seit 1990 arbeitet hier auch das Marpa-Institut, mit Kursen im Tibetischen, Übersetzungen der buddhistischen Texte, Kalligraphie und anderen Themen buddhistischer Kultur (Yoga, ayurvedische Medizin, Qi Gong, Reiki, Ikebana, tibetische Astrologie). Auch Nicht-Buddhisten sind willkommen.

1996 fand zum zweiten Mal das Festival **›Himalaya en Bourgogne‹** statt, u. a. mit einer Ausstellung zum Tantrismus, der Gestaltung eines Großen Mandalas und Tanzprogrammen. Ein Tibet-Museum ist geplant.

Praktische Hinweise

Information: Kagyu Ling, Centre Bouddhique Vajrayana, Château de Plaige, 71320 La Boulaye, Tel. 03.85.79.43.41, Fax 03.85.79.43.09. Sekretariat tgl. 9–12 und 14–18.30 Uhr

Unterkunft und Tagesablauf

*/**Für Teilnehmer an Kursen und Veranstaltungen und für an Meditationszeiten Interessierte stehen auf dem Gelände des Tempels im Park Zeltplätze, Mehrbettzimmer im Schloß, einfache Hütten, Chalets mit Bad für Familien und Zimmer mit Bad und Heizung zur Verfügung. Allgemeines Rauchverbot. Wecken um 6.30 Uhr, ab 9 Uhr Kurse, ab 14 Uhr Gemeinschaftsarbeit, 19 Uhr religiöses Treffen, ab 22 Uhr Nachtruhe.

17 Charolles, Brionnais und Charolais

Land der romanischen Kirchen, der weißen Rinder und der Oldtimer-Museen: eine Rundfahrt wert!

Charolles, Hauptort des Charolais und eines der beiden Zentren für den Viehhandel mit der gleichnamigen Rinderrasse, ist auch eine Stadt der Fayencen. Für Liebhaber der bunt bemalten Teller und Krüge lohnt schon darum der Besuch im **Musée du Prieuré** (auch Gemäldesammlung; rue du Prieuré, tgl. 14.30–18.30 Uhr, Tel. 03.85.24.24.74).

Das gotische Schloßgemäuer von La Clayette wurde im 19. Jh. restauriert. In den Nebengebäuden präsentieren sich moderne Schätze: rund hundert gepflegte Oldtimer

Die Flußschleifen von Semence und Arconce, die sich in Charolles vereinen, verleihen dem geschäftigen Provinzstädtchen eine Portion Romantik. Am besten überblickt man die hübsche Lage des Orts vom **Turm** des Rathaushofes aus, der nach Karl dem Kühnen benannt ist (Tour de Charles-le-Téméraire). Der Burgunderherzog hatte in der Stadt eine Residenz, lange war Charolles eine eigene Grafschaft.

Viehmarkt wird jeden zweiten Mittwoch gehalten, die größten Märkte für Charolais-Zuchtbullen finden im Herbst statt. Charolles konkurriert hier mit **St-Christophe-en-Brionnais** (20 km südlich), wo jeden Donnerstag Charolais-Rinder versteigert werden, im Jahr 100 000. Das 700-Einwohner-Dorf ist Frankreichs fünftgrößter Rindermarkt nach der Zahl – aber der erste, sagt man hier, nach der Qualität. Wer zuschauen will: das Auktionsgeschäft läuft von 6.30 bis etwa 8 Uhr, danach folgt die Verladung der Rinder. Bauern und Händler drängen sich anschließend in den Cafés.

Bernard Dufoux, Chocolatier in La Clayette

Rundfahrt – nicht nur zu romanischer Kunst

Ob von Charolles, von Paray-le-Monial [Nr. 18] oder von einem ländlichen Standquartier aus: Eine Rundfahrt durch den **äußersten Südwesten Burgunds** führt Romanik-Bewunderer zu einer erstaunlichen Zahl von Kirchen, die über die Jahrhunderte hin ihre Eigenart bewahren konnten. Schlösser, Museen, Märkte und solche Spezialitäten wie die *›Boutique Chocolats‹* des weitberühmten Chocolatiers Bernard Dufoux in **La Clayette** (32, rue Centrale, Tel. 03.85.28.08.10) verführen zu Extra-Stops.

In der Wasserburg von La Clayette ist das *Musée Automobile* zu besichtigen (Mi–Mo 9–12 und 14–18, winters bis 17, So ab 10 Uhr, Tel. 03.85.28.22.07). Das *Château St-Hugues* mit seinem vierschrötigen Donjon in **Semur-en-**

Burgunds Exportschlager: Charolais-Rinder

Bei burgundischen Landwirten hätte sie großen Lacherfolg gehabt, die Touristin, die ihre Erkenntnisse folgendermaßen kommentierte: »Seltsam, in diesem Land sehen die Kühe von hinten wie Schweine aus und die Schweine wie Schafe, und weiß sind sie allesamt«.

Das Rindvieh ist hier stämmig, gedrungen, breit und kurzbeinig (und die Schweine sind tatsächlich hochbeiniger als in anderen Gegenden). Die **weißen Rinder** *bringen überall helle Tupfen in die Landschaft, im Brionnais, im Charolais, im Morvan. Naturnah ist die Haltung: Die Kühe haben ihre Kälber bei sich, auch ein Stier steht oft augenrollend auf der Weide. Das Fleisch der Charolais-Rinderrasse ist zart, wohlschmeckend, saftig, von sehr feinen Fettsträngen durchzogen – eine* **Delikatesse** *im gastronomischen Angebot des Landes. Und darüber hinaus wichtig für die Wirtschaft: Lebende Rinder werden in viele Länder zur Züchtung exportiert, um andere Rinderbestände zu verbessern.*

Die weißen Charolais-Rinder gab es schon im 18. Jh. Damals kam bei Adel und reichen Bürgern der Luxus üppiger Fleischmahlzeiten auf, und die Viehhändler wurden wohlhabend und einflußreich. Rindermärkte sind heute auch touristische Attraktionen.

Brionnais nimmt für sich in Anspruch, das älteste Schloß Burgunds zu sein, weil von hier aus im 9. Jh. die Landvögte über das Brionnais herrschten (auch Ausstellung von Revolutionsplakaten, Mitte Mai–Aug. tgl. 10–12 und 14–19 Uhr, So nur nachmittags, Ende März bis Mitte Nov. verkürzte Zeit).

Wer von Osten kommt – die D 987 führt gemächlich durch schönste Wald- und Wiesenlandschaft, die D 121 dagegen ist eine vielbefahrene Hauptroute –, findet schon in **Bois-Ste-Marie** eine *romanische Kirche* mit frühen Figurenkapitellen (etwa 5 km nördlich von La Clayette). Unter etlichen möglichen Rundfahrten bietet sich von La Clayette ein weiter Bogen zurück nach Charolles oder Paray-le-Monial an: romanische Kirchen sind in **Semur-en-Brionnais**, in **St-Julien** und – jetzt erreicht man das breite Tal der Loire – in **Iguerande** und in **Marcigny**, schließlich in **Anzy-le-Duc** zu besuchen. Der *›Circuit d'églises romanes de Brionnais‹* empfiehlt noch einige mehr. *Glockentürme*, jeder eine Individualität, der Schmuck der *Bogenfelder* über den Portalen, das *Raum- und Lichterlebnis* der Gewölbe – da können auch Zögernde zu Romanik-Bewunderern werden. Nur wer sich nirgends Zeit gönnt, kommt mit einem einzigen Rundfahrttag aus.

Oldtimer-Fans machen von La Clayette noch einen Abstecher nach **Chauffailles** (13 km südlich): Im *›Salon permanent d'automobiles de sport, prestige et collection‹* sind Edelflitzer und Prestigekarossen nicht nur zu besichtigen, sondern gleich zu kaufen (35, rue du 8 Mai, Tel. 03.85.84.60.30, Fax 03.85.84.64.16, Di–Sa 9–12 und 14–18, So ab 10 Uhr).

Praktische Hinweise

Information: Office de Tourisme, rue Baudinot, Ancient Couvent des Clarisses, 71600 **Charolles**, Tel. 03.85.24.05.95. Offices de Tourisme auch in 71800 **La Clayette** (3, route de Charolles, Tel. 03.85.28.16.35, Fax 03.85.26.87.26) und in 71110 **Marcigny/Semur-en-Brionnais** (8, rue de Précy, Tel. 03.85.25.39.06, Fax 03.85.25.14.34).

Hotels

*****Le Moderne**, 1, av. Furtin, Tel. 03.85.24.07.02, Fax 03.85.24.05.21. Garten, Schwimmbad, gutes Restaurant (So abends oder Mo abends zeitweise geschl.), privater Parkplatz.

Die um 1200 erbaute Herz-Jesu-Basilika in Paray-le-Monial im Westen Burgunds. Vermutlich zeigte die verlorene Kirche ›Cluny III‹ eine ähnliche architektonische Gestalt

******Chambres d'hôtes Les Recollets***, Mme Badin, 71110 Marcigny, Tel. 03.85.25.05.16, Fax 03.85.25.06.91. In ehem. Klosterkonvent, mit Garten. Speisesaal samt Kamin im Stil des 19. Jh. – elegant und ein wenig teuer.

Restaurant

Poste, av. Libération (bei der Kirche), Tel. 03.85.24.11.32. Das beste Haus in Charolles, auch einige Zimmer (So abends und Mo mittags geschl.).

Eines der außerordentlichen romanischen Kapitelle in Anzy-le-Duc im Brionnais

18 Paray-le-Monial

Visionen einer Nonne machten das Charolais-Städtchen zur Pilgerstadt des ›heiligen Herzens Jesu‹.

›Paray-das-Mönchische‹ heißt der Name wortwörtlich. War schon das Benediktinerkloster von Paray im Mittelalter ein starker Anziehungspunkt, so gaben die mystischen Visionen einer Advokatentochter des 17. Jh. dem sakralen Magnetismus des Ortes neuerlich Kraft. Spät, erst nach dem Ersten Weltkrieg, sprach der Papst **Marguerite-Marie Alacoque** (1647–1690) aufgrund ihrer *Herz-Jesu-Visionen* heilig. Sie selbst deutete diese Erscheinungen als Botschaft der Liebe Gottes zu seinen Geschöpfen.

Schon seit 1873, als Rom das liturgische Fest des ›Heiligen Herzens‹ einführte (und in Paris der Bau der Sacré-Cœur-Kirche begann), pilgerten alljährlich Zehntausende, heute alljährlich bis zu 400000 Menschen zur **Chapelle de la visitation**. Sie enthält ein monumentales modernes *Christusbild* sowie den goldglänzenden *Sarkophag der Visionärin* und wird auch **Sanctuaire des Appari-**

Wie Cluny wäre auch die Herz-Jesu-Kirche in Paray-le-Monial nach 1789 abgerissen worden – doch die Bürger der Stadt kauften sie gemeinsam, um den Bau zu erhalten

tions, Kapelle der Erscheinungen, genannt (rue de la Visitation).

Anders als in Lourdes suchen die Gläubigen nicht Heilung von physischen Krankheiten, sondern **Gotteserfahrung**. **›La Fête du Sacré-Cœur‹** wird am dritten Freitag nach Pfingsten gefeiert. Auch veranstaltet die ›Communauté d'Emmanuel‹ **internationale Begegnungen**, an denen Zehntausende teilnehmen. Ein zweites Pilgerziel ist die **Chambre des Reliques**, eine Reliquienkammer mit Diaschau zum Leben der hl. Marguerite-Marie (Ostern–Okt. 9–18.30 Uhr im Park hinter der Basilique du Sacré-Cœur). Gleich benachbart: 21 Diorama-Szenen mit plastischen Figuren zum gleichen Thema (Auskunft Tel. 03.85.81.62.22).

Cluny in verkleinertem Maßstab

Innerhalb der burgundischen Architektur mißt man der doppeltürmigen **Herz-Jesu-Basilika** Paray-le-Monials (Basilique du Sacré-Cœur) eine Schlüsselrolle zu, da sie mit hoher Wahrscheinlichkeit im letzten Viertel des 11. Jh. oder im ersten Viertel des 12. Jh. nach dem Muster der heute verlorenen Kirche ›Cluny III‹ [s. S. 48] gebaut wurde – nur um zwei Drittel kleiner. Die **Schmalheit des Mittelschiffs** bewirkt den Eindruck außerordentlicher Höhe, gibt dem Raum geistliche Majestät, die durch die Lichtführung der hohen Fenster noch gesteigert erscheint. Von großer künstlerischer Kraft sind die **Bildwerke**: eine *Pietà* in einem gotischen Schrein, ein *Kruzifix*, das den gedemütigten, geschlagenen Heiland zeigt. In der Außengestaltung ist der Kranz der **Kapellen** um den Chorumgang architektonisch meisterhaft gelöst: eine Staffelung von Dächern und Rundformen, die jedes Formelement zur Geltung bringt. Im Juli/August werden sonntags Gratis-Orgelkonzerte geboten.

Beim **Rundgang** durch das kleine historische **Zentrum der Stadt** trifft man auf letzte mittelalterliche Quartiere, klösterliche Parkanlagen und eine lebhafte Fußgängerzone um die prächtig restaurierte Fassade des **Rathauses**, das seinen eigenen historischen Akzent setzt – erbaut wurde es 1528 als Renaissance-Palais des Tuchmachers Pierre Jayet, mit Medaillons, die die Könige Frankreichs darstellen sollen. Die Sammlung des **Musée de la Fayence** ist reich an Charolais-Fayencen vom Biedermeier bis in jüngste Zeit (im ehem. Benediktinerkloster, av. Jean-Paul-II, Mitte Apr.–Mitte Nov. Mi–Mo 10–12 und 14–18 Uhr, Tel. 03.85.88.83.07).

Praktische Hinweise

Information: Office de Tourisme, 1, av. Jean-Paul–II, 71600 Paray-le-Monial, Tel. 03.85.81.10.92, Fax 03.85.81.36.61. Auch Stadt- und Basilikaführung.

Hotels

*****Grand Hotel de la Basilique**, 18, rue de la Visitation, Tel. 03.85.81.11.13, Fax 03.85.88.83.70. Traditionshaus, zentral gelegen.

****Hostellerie des Trois Pigeons**, 2, rue Dargaud, Tel. 03.85.81.03.77, Fax 03.85.81.58.59. Mit hübschem Garten, gleich beim Renaissance-Rathaus.

***Aux Vendanges de Bourgogne**, 5, rue Denis-Papin, Tel. 03.85.81.13.43, Fax 03.85.88.87.59. Kleines Haus mit Garten.

Alle drei genannten Hotels besitzen Restaurants mit erfreulichem Preis-Leistungsverhältnis.

****Chambres d'hôtes Paul Mathieu** in Sermaise/71600 Poisson, Tel. 03.85.81.06.10. Dekorativ eingerichtete Komfortzimmer im tonnenrunden Turm eines Herrenhauses, gute Table d'hôte, sehr freundlich. Uralte steinerne Wendeltreppe und schöne Landschaft inbegriffen (Apr.–Nov.). 11 km südöstlich.

Sport und Unterhaltung

Einige Angebote: Pferderennen, ein Reitclub und ein ›Centre équestre‹, Schiffsfahrten auf dem Canal du Centre, Segelflug und Ultra-Leichtflugzeuge.

19 Bourbon-Lancy

Warme Quellen, alte Bäume: Ein Thermalbad schon seit römischen Zeiten.

Zwei Orte unter einem Doppelnamen, wie zwei Geschwister verschiedenen Temperaments, nur durch einen Fußweg von zehn Minuten voneinander getrennt: Bourbon-Lancy **im Tal** und Bourbon-Lancy **auf der Höhe**. Das Städtchen droben hat noch Gassen mit Erinnerungen an das Mittelalter, einen Uhrturm aus dem 14. Jh., einen weinlaubüberrankten Fachwerkwinkel, eine Fußgänger-Einkaufsstraße und einen unleugbaren Einschlag von Kleinstadtöde.

Durch einen Park führt eine Treppe hinab ins Tal der Borne, ins **Kurgelände** mit Grand-Hotel-Nostalgie und postmodernem Gesundheits-Pep im Fitneß-Center, samt ›personal body care‹. Diese Kontraste haben durchaus Reiz. Die fünf **Thermalquellen** – Temperatur bis 60 Grad C – erweisen sich u. a. bei Arthrosen, rheumatischen Leiden und Kreislaufstörungen als hilfreich. Schon bald nach Cäsar ließen es sich Römer hier wohl sein, und heute genießen die Gäste von **Burgunds einzigem Thermalbad** den Vorzug von ›klein, aber fein‹: nur etwa 400 Kurgäste können betreut werden. Schon die Redwood-Bäume im weitläufigen Park suggerieren: Hier wird man sehr alt und bleibt immer aufrecht.

Praktische Hinweise

Information: Office de Tourisme, place d'Aligre, 71140 Bourbon-Lancy, Tel. 03.85.89.18.27, Fax 03.85.89.28.38 (in der Unterstadt beim Grand Hotel)

Hotel/Restaurant

TOP TIP

/***Manoir de Sornat**, allée Platanes, Tel. 03.85.89.17.39, Fax 03.85.89.29.47. Villa um 1900, ein komfortables Erbstück in einem Park mit hohen Bäumen (2 km stadtauswärts an der Straße nach Moulins, kurz vorm Kreisel). Mit Restaurant.

Bade-Einrichtungen

Etablissement thermal, place d'Aligre, Tel. 03.85.89.18.84, Fax 03.85.89.25.45. Kurbetrieb von Ende März bis Ende Okt.

Damona, Centre de Maintien en Forme et Balnéotherapie, Tel. 03.85.89.34.92, Fax 03.85.89.36.01. Fitneß- und Schönheitszentrum mit Algotherapie, Massagen, Sauna etc. Ganzjährig.

Sport

Für Wassersportler gibt es einen Badesee sowie die Loire und die burgundische Somme. Tennis, Wanderwege.

RAVEUSE
RAVEUSE

Das Nivernais – zwischen Loire und Morvan

Die Silberbäche und grünen Hügel des **Morvan** sind das schönste touristische Kapital des **Départements Nièvre**. Zwar haben alle vier burgundischen Départements teil an dem großen Naturpark, doch der Löwenanteil gehört dem Nièvre, mitsamt fast allen Morvan-Seen und samt **Château-Chinon**, der historischen ›Hauptstadt‹ des Morvan. Dort bereitete sich François Mitterrand über Jahrzehnte hin als Bürgermeister und Abgeordneter auf sein Präsidentenamt vor und vermachte seine Staatsgeschenke einem originellen Museum [s. S. 126].

Ein anderes Gesicht zeigt das Département in den Städten an der Loire und an der Yonne: reich an architektonischen Zeugen aus Mittelalter und Renaissance. Das gilt vor allem für die einstige Grafen- und Herzogsstadt **Nevers**, die dank ihrer dynastischen Verbindungen nach Italien zu einem *Zentrum französischer Fayencekunst* wurde.

Künstlerischer Reichtum aus Romanik und Gotik fasziniert auch in **La-Charité-sur-Loire**, wo die Struktur einer der größten Abteien Burgunds jetzt wieder sichtbar wird. Nicht zu vergessen **Clamecy** an der Yonne, das in seinen alten Mauern voller Erinnerungen an die Zeit der Flößer und Holzhändler steckt.

Schöne Erlebnisse bietet die **Loire** selbst, die als der letzte große, auf langen Strecken naturbelassene Fluß Europas von Naturschützern derzeit gegen Staudammplaner verteidigt wird. *Weingärten* säumen die Loire bei **Pouilly-sur-Loire** [s. S. 75] und bei **Sancerre**. Biber, Otter und sogar Sumpfschildkröten haben ihre *Biotope*, an den Steilufern gibt es auch Zwergseeschwalben. Hausbooturlauber sind auf dem **Canal du Nivernais** unter sich – er ist im mittleren Teil für den kommerziellen Verkehr gesperrt. Aus dem hochromantischen Tal der **Yonne** kommt der Nivernais-Kanal durch das Tunnelgewölbe von Colancelle zu den Seen von Vaux und Baye und durch das Bazois ins Tal der Loire, die er bei Decise erreicht.

Extremer Kontrast zu soviel ländlichem Frieden: der Rennkurs von **Magny-Cours** bei Nevers [s. S. 74]. Er zieht Autofans nicht nur zu den französischen Formel-I-Rennen an – es gibt dort auch sonst viele Veranstaltungen sowie Gelegenheit, selbst auf die Renn- oder die Karting-Bahn zu gehen.

20 Decise

Wasserfreuden an den Ufern der Loire, auf Teichen und Kanälen.

Den letzten großen natürlichen Flußlauf in Europa hat man die Loire genannt. Doch auch hier sind Staudämme und Uferbegradigungen geplant, die eine Änderung der Fließgeschwindigkeit mit sich brächten. Ökologen warnen vor den Folgen für Wasser- und Brückenlandschaften wie die von Decise. Das 7500-Einwohner-Städtchen mit der langen **Brücke** aus steinernen Bögen wird von der Loire umströmt, in die hier die Aron einmündet – zum Zusammenfluß führt eine prächtige vierreihige **Platanen- und Lindenallee**, die ›Promenade des Halles‹, eine der ältesten Alleen in Frankreich.

Hausbootkapitänen bietet Decise einen beliebten **Freizeithafen** – und die Wahl, vom Loire-Seitenkanal (Canal latéral à la Loire) zum Canal du Nivernais zu wechseln (die Loire selber ist wegen stark wechselnden Wasserstands nicht geeignet). Auch für Kinder attraktiv: das **›Stade nautique‹** am Loireufer in Decise, mit Tretbooten, Ballspielen und Tischtennis. Alte Stadtbefestigungen, die **Porte du Marquis d'Ancre**, die Ruinen des **Schlosses** der Grafen von Nevers und auf der Höhe des Stadthügels die **Kirche St-Aré** mit Chor und Apsis aus dem

11. Jh. und einem dunklen Kryptagewölbe des 12. Jh. sprechen von langer Vergangenheit. Die Überlieferung reicht noch weiter zurück. Decetia war eine Etappe auf Cäsars Eroberungsmarsch durch Gallien. In der Französischen Revolution spielte der in Decise geborene **Louis Antoine Léon Saint-Just** (1767–1794) als Anhänger Robespierres im sog. Wohlfahrtsausschuß eine blutige Rolle, bis er selbst – wie zuvor unter seiner Anklage Danton – unter der Guillotine endete.

Ausflüge

Nach Westen erstreckt sich die Wälder- und Felderlandschaft **›Entre Loire et Allier‹**, immer wieder durchsetzt mit Teichen und kleinen Seen, mit Schlössern und Mühlen. Man badet und angelt.

Eine Attraktion der Industriegeschichte bietet dagegen 7 km nördlich **La Machine** mit dem **Musée de la Mine** (Bergwerksmuseum, Siège des Houillères, 1, av. de la Republique, Mitte Juni–Mitte Sept. Mi–Mo 10–12 und 15–19, sonst So 14–18 Uhr und auf Anmeldung. Tel. 03.86.50.91.08).

Praktischer Hinweis

Information: Office de Tourisme, hôtel de Ville, place du Champ-de-Foire, 58300 Decise, Tel. 03.86.25.27.23

21 Nevers

Ein Loireschloß in Burgund und die heilige Bernadette Soubirous.

Im Entrée des Herzogspalasts tummeln sich hinter deckenhohen Glaswänden alle **Fischarten**, die in der Loire heimisch sind. Ein paar Schritte weiter steht man vor einem **Formel-I-Rennwagen** neuester Bauart und vor Vitrinen mit High-Tech-Proben aus den benachbarten **Rüstungsschmieden von Imphy**. Im Hintergrund scheinen die keltischen **Häduer** ein Lager aufgeschlagen zu haben. Im 1. Stock sitzt in goldbetreßtem Umhang **Louis de Gonzaga**, Herzog des Nivernais, und erklärt wortgewandt, was er Gutes für die Stadt Nevers getan hat. Holographie macht's möglich und läßt nicht nur Kinder staunen: Die Wachsfigur bewegt Lippen und Augen ganz lebensecht. – Nevers, die Hauptstadt des Dépar-

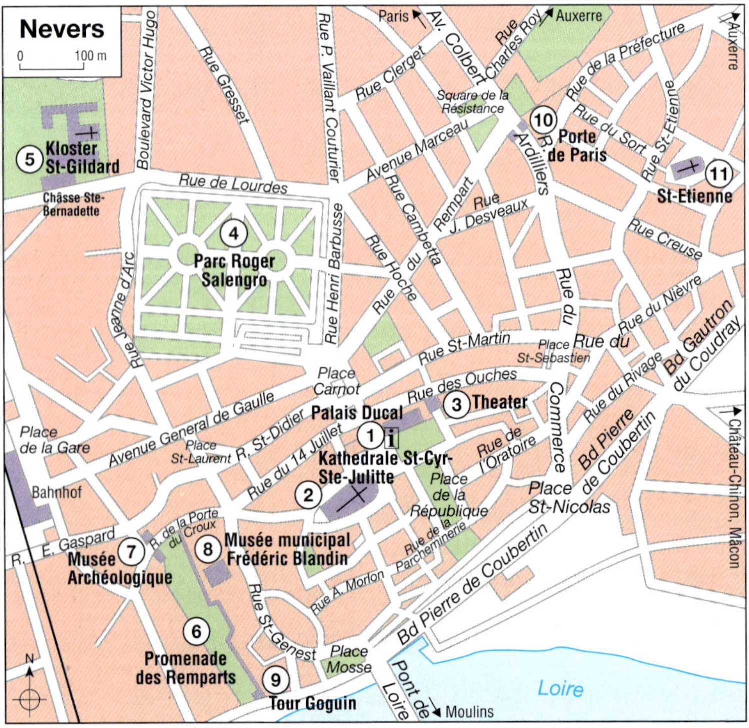

Eine Stadtarchitektur wie auf einem alten Gemälde: Nevers mit dem mächtigen Schiff der im Zweiten Weltkrieg schwer beschädigten Kathedrale St-Cyr-Ste-Julitte

tements Nièvre und mit rund 59000 Einwohnern drittgrößte Stadt Burgunds, ist auch eine Hauptstadt der französischen **Fayencekunst**, die Stadt der **hl. Bernadette von Lourdes** – und heißt zu Recht ›Ville d'Art et d'Histoire‹ (Stadt der Kunst und der Geschichte).

Geschichte Cäsar hatte am Zusammenfluß von Loire und Nièvre ein Basislager, das die Häduer 52 v. Chr. niederbrannten. Die gallorömische Stadt fiel im 6. Jh. an das Königreich Burgund und wurde Sitz eines Erzbistums. Eines der ältesten Bauwerke, die **Tour Goguin** (um 1300), ist Teil der Stadtbefestigung des Grafen Pierre de Courtenay, der flandrischer Herkunft war.

Nevers wurde zu einem **Musterfall europäischer Feudalpolitik**, wechselte die Herren alle paar Generationen. 1348 übernahm **Philipp der Kühne** die Grafschaft als Mitgift. Als mit dem Tod Karls des Kühnen (1477) die Dynastie der großen Burgunderherzöge endete, traten die **Herzöge von Kleve** die Nachfolge an und einige Generationen später, 1565, durch Heirat die **Gonzaga**, eine Nebenlinie der Herzöge im oberitalienischen Mantua.

Der nächste Wechsel lief über die Banken: 1659 kaufte der schwerreiche **Kardinal Mazarin**, Berater Ludwigs XIII. und Ludwigs XIV., das ganze Herzogtum Nevers für 1,2 Mio. Livres.

Die Gonzaga hatten mit italienischen Kunsthandwerkern vor allem **Fayencewerkstätten** ins Land gebracht, dazu **Glas- und Emailkünstler**. Auf das Jahrhundert der Kunsthandwerker folgte die Ära der **Hütten- und Metallindustrie**. Die Kohlengruben bei La Machine [s. S. 68], die Hütten von Fourchambault und Guérigny prosperierten im 18. und 19. Jh., nicht zuletzt wegen der günstigen Loire-Verbindung. Sogar der Passagierverkehr mit Raddampfern lohnte sich zur Postkutschenzeit auf der Loire. Im Zweiten Weltkrieg wurde das Eisenbahnkreuz Nevers nach der Normandie-Invasion Ziel von Luftangriffen, die den deutschen Nachschub unterbinden sollten, leider aber am 17. Juli 1944 auch die Kathedrale trafen.

Besichtigung Touristisch ist man in Nevers dem Rest Burgunds einige Schritte voraus. Nicht nur **Tafeln** an den historischen Häusern und Monumenten geben Auskunft; **Gratis-Führungshefte** in mehreren Sprachen bieten diese Texte entlang einer **Rundganglinie**, die auf dem Straßenpflaster als farbige Spur erscheint.

Wer erst einmal die künstlerisch und historisch wichtigsten Bauwerke, Stätten und Sammlungen kennenlernen will, beginnt auf dem **Stadthügel** über der Loire. Nur von einem kleinen Park getrennt, stehen dort die mittelalterlichen Zentren und Symbole der weltlichen und der geistlichen Macht, der Herzogspalast und die Bischofskathedrale Saint-Cyr-Sainte-Julitte (und im Hintergrund das Rathaus aus dem 19. Jh.).

Das **Palais Ducal** ①, als ein Hundert-Jahre-Werk unter mehreren Herrschern zwischen 1465 und 1565 entstanden, hat noch **Festungstürme** wie eine mittelalterliche Burg, wendet dem Fluß aber eine elegante **Fassade** mit schlanken Treppentürmen zu, die in ihrer klassischen Gliederung ein schönes Beispiel der französischen Renaissance ist. Zugänglich ist vor allem das Erdgeschoß mit seiner **Nevers-Ausstellung** und die – wie der ganze Palast – modernisierte **Treppenhausspirale**. Schon seit der Mitte des 19. Jh. zogen Gerichte und andere öffentliche Ämter in den Feudalsitz ein. Niverenaiser heiraten hier auch.

Die Fassade des Palais Ducal zeigt die Schmuckfreude der Renaissance

Der älteste Teil der **Kathedrale Saint-Cyr-Sainte-Julitte** ②, das **Baptisterium** unter dem Chor aus dem 6. Jh., wurde erst bei den Wiederaufbauarbeiten nach dem Zweiten Weltkrieg entdeckt. Mit seinen Säulen und Nischen und dem achteckigen Taufbecken diente es wohl noch dem alten Taufritus mit Eintauchen des ganzen Körpers (meist nicht zugänglich). Der mächtige gotische Bau der Kathedrale entstand im 13. Jh. Sein **Inneres** beeindruckt als Raum und ist auch unter kunsthistorischen Aspekten in vielfacher Weise interessant. Anteile aus vier früheren Kirchen am gleichen Platz sind in ihm enthalten. Mit den dreigeschossigen Wänden und ihrem doppelschaligen Aufbau (ein schmaler Gang im Obergaden) zeigt die Kathedrale typisch jenen Stil, den man die ›**leichte**‹ **burgundische Gotik** genannt hat. Eine Überraschung ist die **zweite Apsis**. Die Westapsis über der Krypta (11. Jh.) blieb vom romanischen Bau – dennoch baute man aber im 13. Jh. noch eine östliche, nun gotische Apsis. Der zweite Chor ist in französischen Kirchen sehr selten, hatte sein Vorbild vielleicht im Rheinland.

Noch überraschender sind die in Burgund ganz seltenen **modernen Kirchenfenster**. Fünf Künstler wurden seit den siebziger Jahren beauftragt, die 1944 zerstörten, seither nur mit einer Notverglasung ersetzten Glasbilder zu erneuern. Unter ihnen sind Gottfried Honegger, Claude Viallat, François Rouan und der Algerier Jean-Michel Alberola. Teils setzen sie biblische Motive ein, teils arbeiten sie allein mit Farbe und Form. Acht Jahrhunderte älter ist das monumentale **Christus-Fresko** in der romanischen Apsis, das dem Christusbild der cluniazensischen Kirche von Berzé-la-Ville nahe steht [s. S. 50].

Ein wenig abseits, westlich vom Palais Ducal, entstand 1808–24 im italienischen Stil das **Theater** ③, das man um 1890 im üppigen Belle-Epoque-Geschmack mit Malerei und goldenem Stuck ›modernisierte‹.

Ein gotischer Kirchenraum von großer Schönheit: St-Cyr-Ste-Julitte. Derzeit arbeiten zeitgenössische Künstler an der Erneuerung der zerstörten Glasfenster

Der Glassarg der Bernadette

Durch die symmetrische Anlage des **Parc Roger Salengro** ④ mit dem nostalgischen **Musikpavillon** von 1887 gelangt man zum Lebens- und Sterbeort eines Menschen, dessen religiöse Erfahrung bis heute viele bewegt. **Bernadette Soubirous** (1844–1879) hatte als Vierzehnjährige in ihrer Heimat Lourdes 18 Marienvisionen erlebt, ein Quell war entsprungen, durch den unheilbar Kranke geheilt worden waren. Im **Kloster St-Gildard** ⑤ suchte Bernadette als Nonne Zuflucht, hatte aber ein hartes Leben unter ihrer Oberin, die der scheinbar göttlich Erwählten besonders strenge Disziplin auferlegte.

Im Kloster St-Gildard ist ein kleines **Museum** mit Fotos und Erinnerungsstücken eingerichtet worden. Man sieht in eine Grotte mit Kerzen und auch die 1933 heiliggesprochene Bernadette selbst – oder doch ihren in dunkles Nonnenhabit gekleideten Leib in einem **gläsernen Schrein**. Der ist mit Emailblüten, einem Vogelpaar und vergoldetem Rahmen geschmückt. Vor allem anderen zieht das Gesicht der Bernadette unter seiner kaum bemerkbaren Wachsschicht

Nevers: Bernadette Soubirous' Leichnam wird in einem Glasschrein bewahrt und verehrt

den Blick an, das Gesicht einer kleinen jungen Frau mit einem ganz leichten Lächeln. Dreimal wurde der Leichnam aus seinem Grab exhumiert, 1909, 1919 und 1925, bevor man ihn in diese Kapelle überführte, in der seither Abertausende beteten (Châsse Ste-Bernadette, 34, rue St-Gildard, Apr.–Sept. tgl. 7–19.30, Okt.–März 7.30–12 und 13.30–19 Uhr, Tel. 03.86.71.99.50).

Im Viertel der Fayencen

Am Park Salengro entlang geht es nun wieder in Richtung Loire zur **Promenade des Remparts** ⑥. Die Reste der Stadtbefestigung sind hier besonders imposant. In der **Porte du Croux**, dem letzten fast unverfälscht mittelalterlichen Tor der Stadt, kann man hinaufsteigen und das pittoreske **Musée Archéologique** ⑦ besuchen, mit keltischen, gallorömischen und mittelalterlichen Funden, darunter *Skulpturen der Kelten-Göttin Epona* und der *Chimära*, des Tiers mit den drei Köpfen (Porte du Croux, Mo 14–18, Mi–So 10–12 und 14–18 Uhr, Tel. 03.86.59.17.85).

Noch ein paar Schritte weiter, inmitten der Parkanlage unter der Stadtmauer, erreicht man das **Musée municipal Frédéric Blandin** ⑧, das eine große Sammlung von Nivernaiser *Fayencen* präsentiert und die Ausbreitung der Nivernais-Produktion seit dem Jahrhundert der Gonzagas dokumentiert. Auch sind feine *Glasarbeiten* zu sehen, für die es an der Loire ein Monopol gab, und eine Sammlung meist *französischer Gemälde* (promenade des Remparts, Jardin de l'Abbaye, Mai–Sept. Mi–Mo 10–18.30, Okt.–Apr. Mi–Mo 10–12 und 14–17.30 Uhr, Tel. 03.86.68.45.62).

In den Gassen östlich der Porte du Croux (stadteinwärts) finden sich noch traditionelle **Fayence-Werkstätten**; eine

Aus Oberitalien brachten die Gonzaga Fayence-Handwerker nach Nevers. Noch heute lebt die Tradition, und man kann den Kunsthandwerkern bei der Arbeit zuschauen

der Firmen existiert schon seit dem Ende des Dreißigjährigen Krieges. Ein Abstecher führt zur **Tour Goguin** ⑨. Eine Tafel erinnert daran, daß hier die Jakobspilger auf ihrem Weg nach Santiago de Compostela vorbeikamen.

Zum Einkaufen oder auch nur Schaufensterbummeln könnte ein nächster Rundgang in den Stadtteil östlich vom Herzogspalast führen, zur **Place Mancini** und in die **Rue François-Mitterrand** (Fußgängerzone). Auch dort sind ganze Straßenzüge historisch erhalten. Über die Place d'Europe und den Square R.-Vilain – nahe dem Triumphbogen der **Porte de Paris** ⑩ von 1746 – erreicht man schließlich den kostbarsten romanischen Kirchenbau der Stadt: **St-Etienne** ⑪, die 1097 geweihte Kirche eines schon im 7. Jh. gegründeten Klosters.

Die reiche Verwendung von **Säulen** erinnert an Architektur der Antike, der **breite Chorumgang** mit den radialen Kapellen und die Empore deuten auf die Funktion als **Pilgerkirche**. Nevers war ja, wie man schon bei der Tour Goguin erfahren hat, Station auf dem über Jahrhunderte hin vielbenutzten Weg nach Santiago de Compostela.

Der **Glockenturm** von St-Etienne fiel den Bilderstürmern der Revolution zum Opfer. Retter des verfallenden Bauwerks wurde der Dichter der ›Carmen‹, **Prosper Mérimée**, der viel für Burgunds historisches Erbe geleistet hat und auch offiziell im Auftrag der staatlichen Denkmalpflege handelte.

Ausflüge

Le Bec d'Allier

Eine kleine Fahrt loireabwärts führt zum Bec d'Allier, dem **Zusammenfluß von Loire und Allier**, mit Auen, Sandbänken und alter Brücke – am besten bei **Marzy** vom **Aussichtsplatz** hoch über den Flüssen zu beobachten. Weit erstrecken sich Wälder und Felder nach Südwesten, kaum von Siedlungen unterbrochen. Etwa 12 km südlich hat sich das Dorf **Apremont-sur-Allier** wie zum Wettbewerb für das schönste Dorf herausgeputzt, samt Parc Floral, Brasserie, Salon de Thé und **Musée des Calèches** (Kutschenmuseum; Apr.–Sept. Mi–Mo 10–12 und 14–19 Uhr, ab Juni auch Di nachmittags). Auf dem Weg dorthin kann man Schiffe auf dem Loire-Seitenkanal über den Fluß Allier steuern sehen – Brückenbauer machten es möglich.

Apremont-sur-Allier: Oldtimer-Museen und Oldtimer-Rallyes

Praktische Hinweise

Information: Office de Tourisme, Palais Ducal, B. P. 818, 58008 Nevers Cedex, Tel. 03.86.68.46.00, Fax 03.86.68.45.98

Hotels

********Diane**, 38, rue du Midi, Tel. 03.86.57.28.10, Fax 03.86.59.45.08. Sehr angenehm ausgestattetes Hotel im Zentrum.

*****Loire**, quai Médine, Tel. 03.86.61.50.92, Fax 03.86.59.43.29. Großes modernes Gebäude, ruhig, Zimmer mit Aussicht zum Fluß reservieren!

****Climat de France**, 35, bd Victor-Hugo, Tel. 03.86.21.42.88, Fax 03.86.36.08.16. Bequemes Haus der Hotelkette, ruhig in der Nähe des Stadtkerns gelegen, oft von Gruppen besucht.

****Lojotel**, le Clos Ry, Tel. 03.86.37.66.33, Fax 03.86.37.64.34. Etwa 3 km südlich der Stadt, an der N 7.

Restaurants

Les Jardins de la Porte du Croux, 17, rue Porte du Croux, Tel. 03.86.57.12.71. Erfreuliches Restaurant gehobener Preisklasse mit schöner Gartenterrasse (Okt.–Mai So abends und Mo geschl.).

La Botte de Nevers, rue de Petit Château, Tel. 03.86.61.16.93. Gemütliches Haus burgundischer Spezialitäten mit Preisen im mittleren bis oberen Bereich (So abends und Mo geschl.).

La Cour St-Etienne, 33, rue St-Etienne, Tel. 03.86.36.74.57. In der Altstadt (So abends und Mo geschl.).

Rennstrecke für Profis und Laien: Magny-Cours, südlich von Nevers

TOP TIP

Formel 1 in Magny-Cours

Seit 1991 ist Nevers groß ins internationale Rennsportgeschäft eingestiegen: auf dem Rennkurs von Magny-Cours, 12 km südlich der Stadt, wird Frankreichs **Formel-1-Grand-Prix** *ausgetragen. Man kann die gut 4 km lange Strecke auch selber ausprobieren, ein Rennwagen-Training absolvieren oder mit einem Ultraleichtflugzeug den Kurs aus der Luft beobachten (Association Circuit Nevers-Magny-Cours Technopole, Tel. 03.86.21.80.00, Fax 03.86.21.80.80). Seit 1996 gibt es zusätzlich ein* **Museum** *und eine* **Kinemathek**. *Das ***/*******Hotel Renaissance** *im Dorf führt ein Restaurant mit Michelin-Stern (Tel. 03.86.58.10.40, Fax 03.86.21.22.60, So abends und Mo geschl.).*

Einkaufen

Au Négus Lyron, 96, rue François-Mitterrand. Feinste Schokoladenspezialitäten – besonders die Nevers-Nougatinen – in einem orientalisierenden Laden.

Montagnon, 10, rue de la Porte du Croux. Seit 1648 stellt die Firma handgemalte Fayencen her.

C. Girande, 26, rue du 14 Juillet. Traditionelle Fayencen.

Sport

Am Canal de la Jonction am südlichen Ufer der Loire gibt es ein originelles **Wellenbad** (Bassin de la Jonction, Tel. 03.86.37.55.95) sowie **Golfplatz** und **Tennis** (Bords de Loire, Tel. 03.86.71.83.99). Auf der Loire: **Kanu** (Tel. 03.86.36.72.47) und **Wasserski** (Tel. 03.86.36.02.44).

22 La-Charité-sur-Loire

Neu zu entdecken: ›Clunys älteste Tochter‹ – ein Zentrum mittelalterlichen Burgunds.

Wer Panoramen vom Typ ›Stadt über dem Fluß‹ mag, fährt an einem schönen Abend über den Pont de Pierre zum Westufer der Loire hinüber: La Charité-sur-Loire zeigt sich so im besten Licht!

Geschichte Nach gallorömischen Anfängen und einer **Klostergründung** um 700 gewann der Ort weitausstrahlende Bedeutung im 11. Jh., als der einflußreiche Abt **Hugo von Cluny** den Neubau von Kloster und Kirche veranlaßte. Möglich, daß er selbst den Namen ›Charité‹ gab (= Nächstenliebe, Barmherzigkeit), vielleicht nannten aber die Pilger den Ort so, weil sie bei der ›ältesten Tochter Clunys‹ gastliche Aufnahme fanden.

Der 1052 begonnene Bau der Kirche wuchs zu einem Langhaus von mächtigsten Ausmaßen, mit fünf Längsschiffen und zehn Jochen. Der Doppelname **›Ste-Croix-Notre-Dame‹** wird damit erklärt, daß die Abtei seit dem 13. Jh. einen Teil des nördlichen Seitenschiffs der Gemeinde Ste-Croix als Pfarrkirche überließ.

La Charité-sur-Loire hatte wegen des Übergangs über den Fluß jedoch auch ein **militärisch-strategisches Gewicht**. Eroberungen und Belagerungen im Mittelalter – auch Jeanne d'Arc führte 1429 ein Heer gegen die Stadt –, vor allem aber die **Religionskriege** brachten Zerstörungen. 1559, als Mönche und Katholiken vertrieben wurden, verwüstete ein Großbrand die Abteikirche. In der Bartholomäusnacht 1572 nahmen die Katholiken blutige Rache an den Hugenotten.

Wiederaufbau: eine einzigartige urbane Situation

Zum Teil-Wiederaufbau von Ste-Croix-Notre-Dame kam es erst um 1700, aber nicht im rein romanischen Stil – der nun vom Baukörper der Kirche getrennte **Turm** der ehem. Westfassade, jetzt ›Tour Ste-Croix‹ genannt, wurde barockisiert.

Der Großteil des Langhauses wurde nicht wiederaufgebaut, statt dessen ein Platz mit Wohnhäusern zwischen Turm und Kirche geschaffen, eine in ihrer Art seltene oder sogar einzigartige Um- und Verformung eines großen romanischen Entwurfs.

Im Umkreis der ›Restkirche‹ brachten **Ausgrabungen** zwischen 1975 und 1994 Strukturen der Abtei zutage, die einst eine der reichsten Frankreichs war. Gerade noch rechtzeitig wurde der Bau einer Nationalstraße quer durch das Abteigelände verhindert. Die Restaurierungsarbeiten rund um die Grande Cour du Prieuré sind umfangreich und werden kaum in diesem Jahrtausend abgeschlossen werden können.

Besichtigung Gleich zur **Place des Pêcheurs** östlich der Loirebrücke fahren und sich überraschen lassen: wie hinter der Tour Ste-Croix sich noch einmal ein Platz öffnet und Autos parken, wo einst geweihter Raum war! Von großer Schönheit ist im **rechten Seitenschiff** von **Notre-Dame** ein gotisches *Dreikönigs-Tympanon*, eines der besterhaltenen in Burgund. Im linken Seitenschiff findet man die neunhundertjährige *Baugeschichte* dargestellt. Der Rundgang durch das weitläufige, zum Teil noch mittelalterlich ummauerte Abteigelände ist ausgeschildert, mit den Grundmauern der Kirche St-Laurent (11. Jh.) und den Klosterbauten (Führungen durch die Abtei Juli/Aug. tgl. 10, 11, 15, 16, 17 Uhr, außer So vormittags, sonst auf Anfrage beim Office de Tourisme).

Überraschungen bietet auch das **Musée Municipal** in einem Haus des 18. Jh., von den Ausgrabungen in den Kellern bis zu diversen Sondersammlungen: die **Skulpturen Alfredo Pinas** (1887–1966), der Rodins expressivem Stil folgte, und für Bewunderer des Jugendstils kostbare **Art-nouveau-Gläser** und **Metallarbeiten**, von Emile Gallé, den Daums, René Lalique (33, rue des Chapelains, Mai–Okt., Mi–Mo 9–12 und 15–18 Uhr, sonst für Gruppen auf Anfrage, Tel. 03.86.70.34.83).

Ausflug

Um **Pouilly-sur-Loire** erstreckt sich Rebengelände, im Winzerdorf selbst reihen sich gute Restaurantadressen aneinander. Wer Platz im Kofferraum hat, mag sich mit dem hochgeschätzten Pouilly-fumé versorgen.

Praktische Hinweise

Information: Office de Tourisme, 1, place Ste-Croix, 58400 La Charité-sur-Loire. Tel. 03.86.70.15.06, Fax 03.86.70.32.00

Hotels

****Le Grand Monarque**, 33, quai Clemenceau, Tel. 03.86.70.21.73, Fax 03.86.69.62.32. Mit Blick auf die Loire. Verständigung auch auf deutsch und englisch, ausgezeichnete Küche.

****Le Relais Fleuri**, 58150 Pouilly-sur-Loire, Tel. 03.86.39.12.99, Fax 03.86.39.14.15. Mit Garten und Loireblick, südlich vom Dorf.

23 Cosne-sur-Loire

Charmantes Loire-Städtchen mit einer interessanten Sammlung zur Malerei des frühen 20. Jahrhunderts.

Er liebte Musik, gute Weine und die Malerei, der Geiger **Emile Loiseau**, der nach dem Ersten Weltkrieg in Paris aktuelle Kunst sammelte und seine Kollektion 1970 dem Museum der Stadt Cosne schenkte. 1989 wurde mit Geschick und Liebe das ehem. Augustinerkloster zum **Museum** umgestaltet. Dort begegnet man nun neben *Volkskundlichem* – viele akkurate Modelle der alten Loire-Schiffe – und den *Fayencen* des Nivernais auch den Werken *Maurice Utrillos, Marc Chagalls, Raoul Dufys, André Derains*. Die wenigsten Besucher werden vielleicht *Eugène Messemin* (1881–1944) oder *Emil Zingg* (1882–1942) kennen, beide sind aber ebenfalls mit interessanten Werken vertreten (Musée municipal, auch Musée de la Loire genannt, place de la Résistance, Mi–Mo 10–12 und 15–19 Uhr, Tel. 03.86.26.71.02).

Wie so vielen burgundischen Städten ist auch Cosne-sur-Loire (12000 Einwohner) jener **kleinstädtische Charme** eigen, den man angesichts alter Häuser, stiller Wasserläufe – hier der Nohain, der in die Loire strömt –, romanischer Portale und gemütlicher Bistros verspürt. Im Ort wird auch Theater gespielt, und im Juni feiert man die **›Fête de la Loire‹**, u. a. mit der Taufe großer Modellschiffe.

Zwischen den Rebhängen von Pouilly-sur-Loire [s. links] und Sancerre im Süden und der weiten grünen Landschaft der Pusaye im Norden ist Cosne-sur-Loire auch für **Rundwanderungen** ein guter Ausgangsplatz. ›Wandern ohne Gepäck‹-Programme werden angeboten.

Praktische Hinweise

Information: Office de Tourisme, 1, place de l'Hôtel de Ville, 58200 Cosne-sur-Loire, Tel. 03.86.28.11.85, Fax 03.86.26.50.16

Restaurant

Le Sévigné, 16, rue 14 Juillet, Tel. 03.86.28.27.50. Feinschmeckeradresse, mittlere Preise, in der Straße zum Bahnhof.

24 Varzy

Die Sammlung eines Privatmannes wurde zum Museumsmagneten.

In Varzy (1500 Einwohner) findet man die gotische **Kirche St-Pierre** – und darin hinter Gittern schwergoldene oder vergoldete *Reliquiare* –, ein **Schloß** und ein jahrhundertealtes **Waschhaus**. Vor allem anderen aber hat der Kunstliebhaber Auguste Grasset und seine Sammlerleidenschaft bewirkt, daß immer mehr Besucher nach Varzy finden – seit 1993 das **Musée Grasset** in einem hervorragend gestalteten Ambiente eröffnet wurde.

Auguste Grasset (1799–1879) hatte seinen Horizont weit gespannt, von *ägyptischen Sarkophagen* bis zu *Keramiken des 18. Jh.* aus Nevers, von *pazifischen Waffen* bis zu *europäischen Möbeln*. Eine große Kollektion europäischer *Malerei aus dem 19. Jh.*, die Entwicklung der *Keramik* im Nivernais über sechs Jahrtausende hin, eine kleine Spezialsammlung mit ›Verres files‹, feinen *Glasarbeiten* aus Nevers, sind andere wichtige Bereiche des Grasset-Museums – das noch erweitert werden soll (Place de la Mairie, Mai–Okt. tgl. 10–12.30 und 13.30–18, im Juli bis 19 Uhr, sonst Sa und So zu gleichen Zeiten, Jan. geschl. Tel. 03.86.29.72.03).

Praktische Hinweise

Information: Office de Tourisme, Mairie, 58210 Varzy, Tel. 03.86.29.43.73

Hotel/Restaurant

*__Auberge de la Poste__, 5/7 Faubourg de Marcy, 58210 Varzy, Tel. 03.86.29.41.72, Fax 03.86.29.72.67. Kleines Hotel und gepflegtes Restaurant, schöner Garten.

25 Clamecy

Die Holzflößer der Yonne und der Dichter Romain Rolland.

Am Zusammenfluß von Beuvron und Yonne liegt Clamecy (rund 6000 Einwohner) im Nordwesten des Morvan. Das Städtchen wird auf dem Canal du Nivernais auch von Freizeitkapitänen angesteuert, und seine Vergangenheit war lange von der Holzflößerei bestimmt.

Geschichte Vier Jahrhunderte lang wurde jedes Jahr nach der Schneeschmelze im Morvan der **›grand flot‹** (= große Welle) veranstaltet: Im waldreichen Morvan stapelten die Holzfäller das Scheitholz an den Wasserläufen, die mit Wehren aufgestaut waren. Wurden die Wehre geöffnet, trugen die Fluten das Holz mit Macht zu Tal und wurden erst in Clamecy aufgehalten. Dort stellten die Flößer ›Holzzüge‹ zusammen, oft über 70 m lang, und führten sie auf der Yonne und der Seine nach Paris: Feuerholz für den nächsten Winter. Acht Tage brauchten die Flöße bis Paris. Den Weg zurück schafften die Flößer in vier Tagen – zu Fuß. Erst im 19. Jh. machten die Schifffahrt auf dem Canal du Nivernais und die Steinkohle das Flößergeschäft kaputt, 1923 wurde der ›ultime flot‹, die ›letzte Welle‹ auf den Weg gebracht.

Besichtigung Nicht einem Bischof oder Grafen, sondern den ›flotteurs‹, den Flößern, gilt das **Denkmal** auf der steinernen **Brücke** an der Place de la Gravière über die Yonne. »In der Geschichte der Stadt werden sie der Adel mit den groben Händen sein«, steht an der Brückenfigur, ein Zitat aus Romain Rollands ›Colas Breugnon‹.

Gleich bei der Brücke fällt eine burgundische Rarität ins Auge: die mit breiten Betongurten errichtete **Kirche Notre-Dame-de-Bethléem** aus dem Jahr 1927. Noch merkwürdiger als der – meist verschlossene Kirchenbau – ist das **Exilbistum der Bischöfe von Bethlehem**, an das die Kirche erinnert. Dank der testamentarischen Verfügung eines Grafen von Nevers, der 1168 in Jerusalem starb, konnten die Bischöfe nach ihrer Vertreibung durch die Muslime (1223) fast sechshundert Jahre, bis zur Revolution, ihre Pfründen in Clamecy verzehren.

Große mittelalterliche Architektur ist in der **Oberstadt** zu erleben: die Kolle-

Gotische Pfeiler und Giebel streben auch in Clamecy zur Himmelshöhe. Die Kathedrale St-Martin wurde um 1500 noch prachtvoll im Flamboyant-Stil ausgebaut

giatskirche **St-Martin**, ein Meisterwerk der burgundischen Gotik aus dem 13. Jh., offenbar nach dem Vorbild der Kathedrale von Auxerre. Das mit seinem steinernen Zierat triumphal prächtige *Portal* und der *Turm* der Westfassade im Flamboyant-Stil entstanden erst um 1500. Gassen mit mittelalterlichem Fachwerk und die Architektur bürgerlichen Wohlstands aus dem 19. Jh. sind in der denkmalgeschützten Oberstadt eng benachbart.

Das **Musée d'Art et d'Histoire Romain Rolland** ist mit einer Ausstellung zur **Geschichte der Morvan-Flößerei**, mit einem Erinnerungssaal für den aus Nizza gebürtigen Art-déco-Plakatkünstler **Charles Loupot** sowie mit Gemälden und Fayencen eingerichtet. An **Romain Rolland**, der 1866 in Clamecy geboren wurde [s. a. Vézelay, Nr. 26], erinnern Möbel, Werkausgaben in vielen Sprachen und Fotos. Auch sein Schreibtisch, an dem er mit Gandhi fotografiert wurde, ist noch erhalten (av. de la République, Ostern bis Allerheiligen Mi–Mo 10–12 und 14–18 Uhr, im Winter So geschl., Tel. 03.86.27.17.99). Rollands Geburtshaus ist nur wenige Schritte entfernt. Der **Parc Vauvert** mit Tennisplätzen und Stadion liegt im Norden der Altstadt. Südlich des Pont Bethléem gibt es ein **Badeufer** und Spazierwege an der Yonne. Zum Nationalfeiertag am 14. Juli werden feuchtfröhlich die ›Joutes Clamecycoises‹ veranstaltet, ein **Fischer- und Flößerstechen** mit buntem Umzug zum Rathaus. 1998 hat das Fest sein hundertjähriges Jubiläum.

Praktische Hinweise

Information: Office de Tourisme, 1, rue Grand Marché, 58500 Clamecy, Tel. 03.86.27.02.51, Fax 03.86.27.12.72

Hotel

****Hostellerie de la Poste**, 9, place Emile-Zola, Tel. 03.86.27.01.55, Fax 03.86.27.05.99. Ausstattung etwas ältlich, Küche schätzenswert.

Einkaufen

Le Comptoir, 12, rue de la Monnaie. Köstlichkeiten des Landes: Käse, Weine, Konfitüren, Nußöl und viele andere bodenständige Delikatessen, auch Handwerkliches aus Holz und Ton.

PLACE

Yonne – Burgund vor den Toren von Paris

Quer durch Burgund verbindet die berühmte Nationalstraße N 6 Chalon-sur-Saône mit Paris. Sie wurde von den Römern angelegt und folgt der Yonne, dem Fluß, nach dem das Département seinen Namen hat. Heute ist man schneller auf der Autobahn A 6 oder mit dem TGV in Paris – und auch diese neuen Verkehrsachsen liegen auf der gleichen Diagonale. Es lohnt sich aber, in Yonne der Versuchung Paris zu widerstehen und sich Zeit für die nördlichen Landschaften Burgunds zu nehmen: das **Avallonais** um Avallon am Rande des Morvan, das **Auxerrois** mit den Chablis-Weinbergen, die **Puisaye**, wo sich Wälder und Getreidefelder weit zwischen den Burgen und Kirchen erstrecken. Die mittelalterliche Architektur von **Vézelay**, von **Auxerre**, von **Montréal** [s. S. 85] und **Pontigny** gehört zum kostbarsten Erbe der Menschheit. Wer das Ambiente jahrhundertealter Städte liebt, entdeckt in Yonne noch viel mehr, wahre Trouvaillen wie das kaum bekannte **Noyers-sur-Serein** oder **Sens** mit seiner gotischen Kathedrale. Schönste burgundische Landschaften findet man in den Ausläufern des Morvan, zum Beispiel das **Cure-Tal** mit den Höhlen bei **Arcy-sur-Cure** und das **Yonne-Tal** bei **Mailly-le-Château**. Viel kann man übrigens bei **Colette**, der Dichterin aus der Puisaye, über Land und Leute, Blüten und Früchte dieses Landes lesen. Colette wurde Pariserin, aber sie schrieb: »Ich gehöre einem Land, das ich verlassen habe.«

26 Vézelay

Einst ein Zentrum des christlichen Abendlandes, heute weltberühmt für seine sakrale Lichtarchitektur.

Schon die Anfahrt ist ein Erlebnis, so imposant thront der Ort Vézelay auf der Höhe, mit Türmen und Mauern. Auch auf der allseits dramatisch bewegten Bühne des burgundischen Mittelalters ragte dieser **Stadt- und Kirchenhügel** als einzigartiges Beispiel des Widerstreits von Frömmigkeit und Machtpolitik, von Wunderglauben und Gewaltbereitschaft hervor.

Geschichte Das ursprünglich im Tal der Cure gegründete **Benediktinerkloster** des 9. Jh. mit der Kirche St-Père-sous-Vézelay [s. S. 82] wurde nach Normannen-Überfällen auf den nahen Hügel verlegt, auf dem schon Kelten und Gallorömer gesiedelt hatten.

Reliquien der hl. Maria Magdalena, die der Legende nach vor dem Zugriff der Sarazenen aus dem Süden Frankreichs hierher gerettet worden waren, zogen Abertausende von Pilgern an. Die Pilgerscharen und zugleich der Reichtum Vézelays wuchsen noch, als der Reform-Abt **Odo von Cluny** (878–942) in der Gestalt der reuigen, von Christus gesegneten Sünderin Magdalena ein Muster cluniazensischer Frömmigkeit fand und die Wallfahrt nach Vézelay propagierte.

Vézelay: Alltagsszenen voller Symbolkraft an den Kapitellen: die ›mystische Kornmühle‹

◁ *Beginn des ›Neuen Bauens‹ im 12. Jh.: die gotische Kathedrale von Sens*

Dort sammelten sich auch die Gläubigen zur großen Wallfahrt nach Santiago de Compostela. 1096 ließ Abt Artaud den Grundstein zu einem mächtigen **Neubau** der Kirche St-Madeleine legen.

Zehn Jahre später: Bürgerrevolte gegen das reiche Kloster, Ermordung von Abt Artaud, Unterbrechung der Bauarbeiten. 1120 kostete ein **Brand** im unfertigen, aber von Pilgern schon vielbesuchten Bau mehrere hundert, vielleicht über tausend Opfer. Der Pilgerboom blieb ungebrochen, die Zahl der Einwohner soll 10000 erreicht haben. Vézelay stand im Zentrum der abendländischen Welt, als **Bernhard von Clairvaux** 1146 mit flammender Rede zum Zweiten Kreuzzug rief – der dann in militärischen Katastrophen endete. Dennoch war Vézelay auch vor den folgenden Kreuzzügen der Sammelpunkt, so 1190 für die britischen Kreuzritter unter König Richard Löwenherz.

Die Krise zwischen den Bürgern Vézelays und der Abtei eskalierte noch einmal 1152. Mönche und Abt wurden vertrieben, die obersten Autoritäten – König Ludwig VII. und Papst Eugen III. – mußten schlichten.

Europäische Machtpolitik der **Anjou-Dynastie** brachte Vézelay schließlich um die magische Ausstrahlung seiner Reliquien. Der Hintergrund: **Karl I.**, Bruder des französischen Königs, übernahm Mitte des 13. Jh. die Herrschaft in der Provence, als willkommene Basis für seine Ambitionen in Italien. Um sein labiles Prestige in der Provence zu festigen, ließ **Karl II.** von Anjou 1270 dort in St-Maximin-la-Sainte-Baume nach den wahren Reliquien der hl. Maria Magdalena graben. Mit Erfolg, wie nach jahrzehntelangem Rechts- und Gutachterstreit von Papst Bonifaz VIII. entschieden wurde. Vézelay sank in einen Dornröschenschlaf.

Erst die Mittelalter-Begeisterung im **19. Jh.** brachte die Erweckung des so schön auf seiner Höhe ruhenden Ortes, die Restaurierung der einsturzgefährdeten Kirche und neue Besucherströme. Fast eine Million Menschen jährlich sind es heute. Für viele ist Vézelay auch das Tor zum Naturpark Morvan, zu dessen Areal die Stadt der Ste-Madeleine jetzt gehört.

Besichtigung Am besten geht man zu Fuß vom Parkplatz an der Place du Champ-de-Foire durch das 600-Einwohner-Städtchen hinauf; der Viertelstundenweg zur **Basilique Ste-Madeleine** ist nicht zu verfehlen.

Die **Westfassade** mit dem Figurenschmuck des **Tympanon** (entstanden 1120/35) wurde unverkennbar im 19. Jh. erneuert, doch in der **Vorhalle** ist die ursprüngliche Kraft romanischer Bildhauerkunst am **Hauptportal** zu erleben: *Christus in der Mandorla*, umgeben von den Aposteln, in seinem plastischen

Die Reliquien der hl. Magdalena machten Vézelay zum Ziel der Pilger, für sie wurde die hoch auf dem Stadthügel thronende Kirche gebaut, eine der schönsten Frankreichs

Eintreten in die Basilika der hl. Magdalena, zwischen den Pfeilerreihen und unter Kreuzgewölben die Harmonie von Architektur und Licht erleben!

Reichtum und der expressiven Formensprache eines der kostbarsten Meisterwerke der Sakralskulptur. Glücklicherweise blieb dieses **Tympanon** in allen Bilderstürmen unbeschädigt, die Seitenportale dagegen wurden verstümmelt.

Einleuchtend hat man die Darstellung als **Pfingstwunder** gedeutet, mit den Strahlen, die von den Händen Christi ausgehen und den Heiligen Geist symbolisieren – oder noch umfassender – die göttliche Inspiration. Die umgebenden Figurengruppen stellen dann die heidnischen Völker dar, deren Christianisierung der Missionsauftrag der Apostel war. In der Porträtierung der hundsköpfigen, buckligen, zwerghaften oder schweinsnasigen Heidengestalten spürt man allerdings auch eine starke Portion mittelalterlichen Christen-Hochmuts. Der Außenring zeigt Tierkreiszeichen, Jahreszeitenbilder und ländliche Arbeiten, wie das Beschneiden des Weinstocks oder Schweineschlachten.

Im **Innern** beeindruckt der klare Aufbau des romanischen **Langhauses** (vollendet gegen 1130/40) mit seinen nur zweigeschossigen Wänden, mit den breiten Gurtbögen des Tonnengewölbes und den einfachen kreuzförmigen Pfeilern. Frühgotisch ist der **Umgangschor** (Ende 12. Jh.). Der weite Kirchenraum unterscheidet sich mit der Breite seines Mittelschiffs und der geringeren Höhe deutlich von den cluniazensisch geprägten Kirchen in Autun und Paray-le-Monial, von denen man sich in Vézelay offensichtlich abheben wollte. Überdies ist die Basilika heute bis auf die – zum Teil wohl erneuerten – Pfeilerkapitelle **bilderlos** und bis auf den rot-gelblichen Steinwechsel der Gurtbogen fast farblos. Das Raumerlebnis konzentriert sich ganz auf **Architektur** und **Licht**. Wie kaum irgendwo sonst harmonieren die romanischen und gotischen Bauteile – und man achte nur auf die Lichtsteigerung vom Portal zum Chor!

Im **Ort Vézelay** läßt sich in alten Gassen, zwischen Boutiquen und Weinhandlungen gut spazieren. Seitlich links von Ste-Madeleine führt ein Fußweg hinab ins Grüne zur **Chapelle de la Cordelle** aus dem 12. Jh. Ringsum bieten sich schönste Ausblicke, es locken Weinberge, Wander- und Radtouren, Tennisplätze und Ausritte (Informationen:

Eines der höchstrangigen Kunstwerke burgundischer Steinbildhauerei: das Tympanon in der Vorhalle der Basilika von Vézelay mit der Darstellung des Pfingstwunders

Centre de tourisme équestre, Usy: Tel. 03.86.33.32.78).

Außer den Skulpturen im **Musée de l'Œuvre de la basilique Ste-Madeleine** (22. Juni–30. Sept. Mi–Mo 10–12.30 und 15–19 Uhr, Tel. Mairie 03.86.33.24.62) wird vermutlich von 1997/98 an eine glanzvolle **Kunstsammlung** in Vézelay zu besichtigen sein: das Vermächtnis der Pariser Kunstverleger Christian und Yvonne Zervos, bestehend aus rund 800 Werken u. a. von Chagall, Kandinsky, Leger, Picasso. Geplanter Standort ist das Haus, in dem der Dichter **Romain Rolland** [s. S. 77] bis zu seinem Tod lebte. Es ist in Besitz der Universität Paris und wird auch als Rolland-Museum eingerichtet werden.

Ausflüge

St-Père-sous-Vézelay

Nur 2 km südöstlich entdeckt man in dem winzigen Dorf eine der schönsten **gotischen Kirchen** Burgunds: **Notre-Dame** mit reichgegliedertem **Glockenturm** (13. Jh., die Spitze erneuert) und einer offenen **Vorhalle** im Flamboyant-Stil aus dem 14. Jh. Leider sind die gotischen **Figuren** geköpft, nur das Giebelfeld oberhalb der Vorhalle war für die Revolutionsgarden zu mühsam zu erreichen.

Gleich nebenan zeigt das **Musée archéologique** Funde aus der merowingischen *Nekropole von Gratte-Loup* und ein Modell der römischen *Thermen*, in denen laut Information der Archäologen Männer und Frauen getrennt badeten (Mi–Mo 10–12.30 und 13.30–18 Uhr).

Nur eine kurze Strecke weiter hinauf im lieblichen Tal der Cure sprudeln in den Resten der Thermenanlage die **Fontaines Salées**, die salzigen Quellen. Auch Spuren einer keltisch/galloromischen **Kultstätte** wurden gesichert (Öffnungszeiten: wie Museum).

Pierre-Perthuis (6 km südöstlich)

Noch aus dem 12. Jh. soll eine der beiden **Brücken** stammen, die bei dem Dorf Pierre Perthuis über die tiefeingegrabene

Waldschlucht des Cure-Flüßchens führen. Die andere ist ein Viadukt aus dem 19. Jh. Lohnende **Picknickplätze**, auch oberhalb des Tals bei den ›durchbrochenen Felsen‹, von denen das Dorf seinen Namen hat.

Die Cardoland-Dinosaurier

(7 km westlich)

Das ›Cardoland‹ bei **Chamoux** ist ein mit (Plastik-)Dinosauriern bevölkerter, 10 ha großer Waldpark, an Sommerabenden auch mit ›Licht und Ton‹-Spektakel, eine Attraktion für Kindergemüter (Apr.–Mitte Nov. tgl. 13.30–17.30 Uhr, Juni/Aug. So–Fr 10–19, Sa 13.30–19 Uhr, Tel. 03.86.33.28.33).

Praktische Hinweise

Information: Office de Tourisme, 10, rue Saint-Pierre, 89450 Vézelay, Tel. 03.86.33.23.69, Fax 03.86.33.34.00

Hotels

****Résidence-Hotel Le Pontot**, 1, pl. du Pontot, Tel. 03.86.33.24.40, Fax 03.86.33.30.05. Luxus in Preis und Angebot, umfriedeter Garten im alten Ortskern. Nur 10 Zimmer, kein Restaurant.

****/***Hôtel de la Poste et du Lion d'Or**, 1, pl. du Champ de Foire, Tel. 03.86.33.21.23, Fax 03.86.32.30.92. Haus aus der Postkutschenzeit am Fuß des Altstadthügels, Komfort und qualitätvolle Küche (Restaurant Mo und Di mittags geschl.).

****Les Aquarelles**, im Ortsteil Fontette bei Saint-Père, Tel. 03.86.33.34.35, Fax 03.86.33.29.82. Direkt bei den Weinbergen, unter freundlicher familiärer Leitung, ausgezeichnete regionale Gerichte, Wein aus eigenem Anbau.

Restaurant

L'Espérance, Saint-Père-sous-Vézelay, Tel. 03.86.33.39.10. Berühmter gastronomischer Wallfahrtsort für jeden, der die Kosten für allerhöchste Gaumenfreuden nicht scheut.

27 Avallon

Die Stadt auf der Granitklippe – der alte Ortskern noch von Mauern umgeben.

Die Nord-Süd-Verbindung Paris–Chalon-sur–Saône zu kontrollieren, war Avallons Aufgabe seit Römertagen. Die **Lage auf der Höhe** ist Bestimmung, machte auch die Verteidigung durch Türme und Mauern leicht. Heute ist Avallon (9000 Einwohner) beliebte Station auf der Fahrt in den Süden, darüber hinaus ein geeigneter Platz, um Vézelay [Nr. 26], St-Père, die Täler der Cure und des Cousin, die Wanderlandschaften des Avallonnais und des Morvan zu erkunden. Nicht

Gastlichkeit mit Tradition und auf hohem Niveau – im vielbesuchten Vézelay und erst recht im Umkreis findet man aber auch Unterkünfte, die das Bankkonto schonen

Avallon in seinem mittelalterlichen Mauerring wurde im 11. Jh. wie Autun mit Reliquien des hl. Lazarus berühmt. Heute erwarten den Besucher auch drei Museen

zuletzt lohnt Avallon selbst, sehr lebendig in seinen alten Mauern. Am lebhaftesten geht es am Samstag zu, beim farbenfrohen Markt.

Besichtigung An Kunst interessiert, kommt man vor allem wegen der berühmten **Kollegiatskirche St-Lazare**. Sie stammt aus dem 11. Jh. Damals versuchte Avallon mit einer *Lazarus-Reliquie*, angeblich dem Schädel des Heiligen, die Lazarus-Pilgerfahrten von Autun [Nr. 15] in die eigene Stadt abzulenken.

An den **drei Stufenportalen**, die einst die Pilger empfingen, hat der Einsturz eines Turmes 1633 schweren Schaden angerichtet. Das linke zeigt sich seither im Stil der Renaissance, das rechte ist fast schmucklos. Am **Mittelportal** blieb jedoch neben reichem romanischem Dekor von Weinranken, Blättern und Monatszeichen eine *große Gewändefigur* erhalten, die im romanischen Burgund nicht ihresgleichen hat: ein Prophet oder ein Heiliger, der in vergeistigter Schmalheit und konzentriert klarem Ausdruck schon an die Figuren des Königsportals in Chartres erinnert. Anders als in Autun weiß man den Namen des Meisters nicht. Steigt man in das **Langhaus** von St-Lazare hinab, das in geheimnisvollem Dunkel liegt, ist der Gesamteindruck wieder romanisch, doch mit *Spitzbogen* vom Übergang zu gotischem Stil geprägt.

Gleich von der Kirche St-Lazare, die am Steilhangrand über das Tal blickt, kann man dem erhaltenen **Mauerring** von Turm zu Turm folgen und den **Ausblick** ins Cousin-Tal genießen. Oder man steigt bei der **Tour Beurdelaine** zum Parc de Chaumes hinab und hat dann einen prächtigen Blick auf den Stadtfelsen.

Zum Spazierengehen locken auch die alten Bauten der Stadt, vom **Uhrturm** (15. Jh.) gleich bei St-Lazare über das Haus in der **Grand' Rue**, das dem Prinzen Condé geschenkt wurde (16./17. Jh.) – sein Sohn, weiß die Überlieferung, genoß die ›gute Luft‹ von Avallon –, bis zum **Hôtel de Ville** (18. Jh.) und weiter in die Gassen hinein.

Drei Museen stehen zur Wahl: Das **Musée de l'Avallonais** reicht von der *Vorgeschichte* und *gallorömischen* Funden bis zu Bildern von *Georges Rouault* und modernen *Goldschmiedearbeiten* (place de la Collégiale, Mai, Juni, Sept., Okt. nachmittags nach Vereinbarung, Juli/Aug. Mi–Mo 14–18 Uhr, Tel. 03.86.34.03.19). Das **Musée du Costume** zeigt in einem Stadtpalais des 18. Jh. wechselnde Ausstellungen prächtiger *Gewänder des 18.–20. Jh.* (6, rue Belgrand, Führungen Mitte Apr.–Nov. tgl. 10.30–12.30 und 13.30–17.30 Uhr sowie nach Vereinbarung, Tel. 03.86.34.19.95). **L'Abattoir – Maison des traditions agricoles et artisanales:** *handwerkliche* und *bäuerliche*

Arbeitskultur der Zeit vor der Industrialisierung, in einem ehem. Schlachthof (66, rue de Lyon, Mai–Sept. 10–12, 14–18 Uhr, Apr. und Okt. Di–So 14.30–17.30 Uhr, Tel. 03.86.34.53.50).

Parkplätze gibt es bei der Place Vauban am Nordrand der Altstadt, wo auch die **Hostellerie de la Poste** zu finden ist – interessant für Napoleon-Bewunderer, nächtigte der Korse doch hier bei seiner Rückkehr von der Verbannung nach Elba.

Ausflüge

Sauvigny-le-Bois (4 km nördlich)

Das **Musée historique des véhicules de chefs d'Etat** sammelt die Wagen, deren Eigner Kennedy, de Gaulle oder Honecker hießen – schon 30 *Staatsoberhäupter-Karossen* sind im Schloß Montjalin ausgestellt (Apr.–Mitte Nov, Sa und So 9–19 Uhr, Tel. 03.86.34.46.42).

Montréal (10 km östlich)

Die Merowinger-Königin **Brunehaut** (Brunhilde, 534–613) soll auf diesem Hügel ihre Residenz gehabt haben. Brunehauts Ende war eine der schlimmsten merowingischen Brutalitäten, sie soll auf Beschluß ihrer Widersacher von einem Pferd zu Tode geschleift worden sein.

Besser paßt zu der friedvoll harmonischen Landschaft Montréals, des ›königlichen Bergs‹, daß die **Kirche Notre-Dame** (12. Jh.) Ziel von Pilgerfahrten wurde. Der klargegliederte helle Raum ist schon gotisch inspiriert. Das *Chorgestühl* mit herrlichen figurenreichen Schnitzereien stammt von 1526. Allein schon die kleinen *Marmorreliefs* eines Altars aus England (15. Jh.) sind die Fahrt nach Montréal wert, zeigen feinste Gestaltung der Gewänder und Gesten. Kunsträuber stahlen 1971 zwei der sechs Tafeln.

Montréal: fromme Kostbarkeit aus England (Relief eines Altars aus dem 15. Jh.)

Praktische Hinweise

Information: Office de Tourisme, 4, rue Bocquillot, 89200 Avallon, Tel. 03.86.34.14.19, Fax 03.86.34.28.29

Hotels

***__Le Relais Fleuri__,
Tel. 03.86.34.02.85, Fax 03.86.34.09.98. Ruhiges Haus, ländlich mit Garten, Tennis und Pool. An der N 6, 6 km in Richtung Saulieu.

**__Dak' Hôtel__, 119, rue de Lyon, Tel. 03.86.31.63.20, Fax 03.86.34.25.28. Kleines Hotel, außerhalb der Altstadt, kein Restaurant, aber Garten und Pool.

Restaurant

Relais des Gourmets, 45, rue de Paris, Tel. 03.86.34.18.90. Sehr gutes Preis-Leistungsverhältnis. Reservieren (Di abends und Mi geschl.).

28 Arcy-sur-Cure

Tropfsteinhöhlen im Tal der Cure, Felszeichnungen und ein bizarres Schloß.

Unter den Höhlen Burgunds, soweit sie für Besucher zugänglich sind, haben die **Tropfsteingrotten** im Waldtal bei Arcy-sur-Cure den Ruf einer archäologischen Stätte von besonderem Rang, klassifiziert als ›Site d'Intérêt national archéologique‹. Seit 1946 arbeitete hier eine ›Ecole Internationale de Fouilles archéologiques‹ (Internationale Schule für archäologische Ausgrabungen). Erst in jüngster Zeit wurden auch **Spuren steinzeitlicher Felszeichnungen** entdeckt.

Freizeit-Vergnügen: Kletterer im Tal der Yonne an den Rochers du Saussois (oben) und etwas ältere Jahrgänge beim Boulespiel (unten)

Von der rund 2,5 km langen Folge der Tropfsteingalerien in der **Grande Grotte** sind etwa 900 m zugänglich. Man wandert auf dem Besucherpfad neben kleinen unterirdischen Gewässern durch weite Säle, auch für Gehbehinderte ist der Besuch möglich. Schon Neandertaler haben hier Zuflucht gefunden, sie hinterließen ihre aus Feuerstein gefertigten Werkzeuge und Waffen. Auch Knochen von Wildtieren wurden entdeckt (ähnlich wie in den benachbarten **Grottes de St-More**), darunter von Löwen und Mammuten (Führungen März–Okt. tgl. 9–12 und 14–18 Uhr, sonst nach Anmeldung für Gruppen, Tel. 03.86.81.90.63, außer der Saison Tel. 03.86.81.92.24; auch archäologische Sonderführungen).

Hoch über dem Tal der Cure stand schon seit dem 11. Jh. das **Château du Chastenay**. Seit den siebziger Jahren wurden die Ruinen der Burg aus dem 14. Jh. wiederhergestellt. Der heutige Burgherr, Comte Gabriel de la Varende, 29. Besitzer von Chastenay, hat nicht nur esoterische Forschungen betrieben, sondern über Alchimie und Goldene Zahl, Templerritter und den Stein der Weisen auch ein Buch geschrieben. Eine Führung von ihm ist ein Erlebnis (Juli/Aug. tgl. außer So vorm. 10.30–12 und 14.30–18 Uhr, Ostern sowie Mai, Juni und Sept. nur Sa/So, Tel. 03.86.81.93.41 oder 03.86.81.90.63, Fax 03.86.91.95.94).

Rundum schönste Landschaft, am allerschönsten die **Felstäler** der Cure und der Yonne. Über den Schleifen der Yonne haben Bergsteiger in den Rochers du Saussois ein ideales **Klettergelände**. Sehr reizvoll ist das Yonne-Tal auch bei **Mailly-le-Château**, das teils am Fluß, teils hoch darüber auf einem Felssporn liegt. Dort werden Bewunderer romanischer Architektur und Kunst die **Pfarrkirche St-Adrien** sehen wollen – vor allem wegen der fünf Säulen tragenden *Figuren* an der Fassade, deren Bedeutung bis heute nicht geklärt ist.

29 Auxerre

Früheste Fresken, gotische Größe, heiteres Provinzleben an der Yonne.

Wie ein Amphitheater liegt die Stadt über der Yonne, und auf ihren **drei Hügeln** schmückt sie sich mit den Türmen **dreier Kirchen:** der Abtei St-Germain, der Kathedrale St-Etienne und der flam-

In Burgund gibt es viele Stadtpanoramen über einem Fluß – Auxerre an der Yonne zeigt eines der allerschönsten

boyant-gotischen St-Pierre. Das Fünfeck des historischen Stadtkerns erkundet man am besten zu Fuß – keine großen Entfernungen, aber fast an jeder Straßenecke etwas zu entdecken!

Geschichte Römer und gallische Senonen nannten ihre Stadt Autessiodorum, nach dem Mont Autric. Sie hatten ihre Handelsschiffe auf der Yonne und mit der Via Agrippa die Verbindung weit nach Süden, letztlich bis ans Mittelmeer. Das mag zur frühen christlichen Missionierung beigetragen haben. Als **St-Germain**, Bischof von Auxerre – derselbe, nach dem das Pariser Viertel Saint-Germain-des-Prés seinen Namen hat –, 448 auf einer diplomatischen Reise in Ravenna starb, wurde sein Leichnam, eine unschätzbar kostbare Reliquie, sogleich auf Ochsenkarren nach Auxerre überführt und in einem Oratorium bestattet. Dort ließ die merowingische Königin Clotilde im 6. Jh. ein Kloster bauen. Die Klosterschule gewann europaweit einen vorzüglichen Ruf, die Zahl der Schüler – bis zu 2000 – wie der Pilger und der Kirchen nahm kräftig zu.

Das **Stadtrecht** für Auxerre kam allerdings viel später, erst 1223 unter den Grafen von Auxerre. Einer von ihnen, **Pierre de Courtenay**, war zum Kaiser im kurzlebigen ›lateinischen Kaiserreich‹ von Konstantinopel gewählt worden und fand wohl, es sei eine solche Geste der Großmut seitens der daheimgebliebenen Tochter und Stellvertreterin Matilda am Platze. In den folgenden Jahrhunderten eroberten einmal die **Engländer**, dann die **Hugenotten** die Stadt. Letztere plunderten die Abtei St-Germain und den Dom. Der wurde in der Revolution zum Tempel der Vernunft erklärt.

Auxerre verlor den Bischofssitz, avancierte dafür zur Hauptstadt des neugeschaffenen Départements Yonne, dem u. a. auch Teile der Champagne und der Ile de France zugeschlagen wurden. **Weinbau** und **Weinhandel** ließen den Wohlstand wachsen, bis zur großen Reblaus-Krise gegen Ende des 19. Jh.

Im 20. Jh. stieg die Einwohnerzahl auf über 40000, Industrien entstanden und der Tourismus entwickelte sich. Auxerre ist auch ein Zentrum der Fluß- und Kanalschiffahrt. Klobige Getreidesilos bei den Hafenanlagen erinnern daran, daß das Département Yonne einen Spitzenplatz beim Rapsanbau behauptet.

Besichtigung Vom platanenbestandenen städtischen Kai der Yonne, wo man vielleicht auch einen Parkplatz findet, geht es gleich zur **Place St-Nicolas** ①, zum alten Hafenviertel (Quartier de la Marine). Hier wurden einst die Weinfässer für Paris verladen.

Die Rue Dr. Labosse und Rue Cochois führen zu den christlichen Anfängen Auxerres, zur **ehem. Abtei St-Germain** ② und ihrer karolingischen **Krypta**. Die dort im Gang befindlichen verblaßten rötlichen und ockergelben Darstellungen der *Stephanuslegende* zeigen die Steinigung des ersten Märtyrers sehr eindrücklich (dem Stürzenden streckt sich aus dem Himmel die Hand Gottes entgegen). Diese **Fresken** gelten als die ältesten Frankreichs (um 850). Benachbart sind im zweistöckigen Bau der **Krypta** schöne zehnstrahlige *Rundgewölbe* und die verwinkelten Kammern mit *Bischofs- und Heiligensarkophagen*. Die Kirche dagegen entstand erst im 13./14. Jh., anstelle einer älteren, von der nur noch der jetzt freistehende romanische Nordturm – **Tour St-Jean** – blieb (Krypta Juni–Okt. Mi–Mo 10–18.30, Nov.–Mai Mi–Mo 10–12 und 14–17.30 Uhr, alle 30 Min. Führung, Tel. 03.86.51.09.74).

Das **Musée Archéologique** mit Funden von der Steinzeit bis zu keltischen Oppida und zur gallorömischen Epoche ist in die Säle der ehem. Abtei eingezogen, das **Musée des Beaux-Arts** folgt als letzte Etappe in der Neugestaltung des Komplexes (Mi–Mo 9–12.30 und 14–18.30 Uhr, Tel. 03.86.51 09.74).

Der nächste Höhepunkt des Rundgangs ist die **Kathedrale St-Etienne** ③, mit reichem, wenngleich schwer geschädigtem *Figurenschmuck* an Fassade und Portalen. Mit Fensterrosen und Fialen, Strebepfeilern und Spitzbogen entfaltet sich die auf An- und Aufstieg konzipierte Architektur der Gotik (13.–16. Jh.). Leider wurde der Südturm nie gebaut. Am **Südportal** (um 1270) erkennt man Szenen aus der Kindheit Jesu und dem Leben Johannes des Täufers, am Sockel auch die Geschichte König Davids, der Bathseba beim Bade beobachtet und diese nach dem arrangierten Tod ihres Gatten neben sich auf dem Thron plaziert. Im **Tympanon** des Mittelportals hält Christus das Jüngste Gericht, Seelen werden gewogen, die Toten stehen auf (15. Jh.).

Von großer Schönheit sind die **Strebepfeiler** im Inneren, die sich – steinernen Halmen gleich – in die Kreuzgewölbe verzweigen, und **Glasbilder** des 13. Jh. im Chorumgang. Nur in Chartres und Bourges gibt es aus dieser Zeit einen reicheren Bestand farbiger Fenster (um die Bildszenen genauer sehen zu können, benötigt man ein Fernglas).

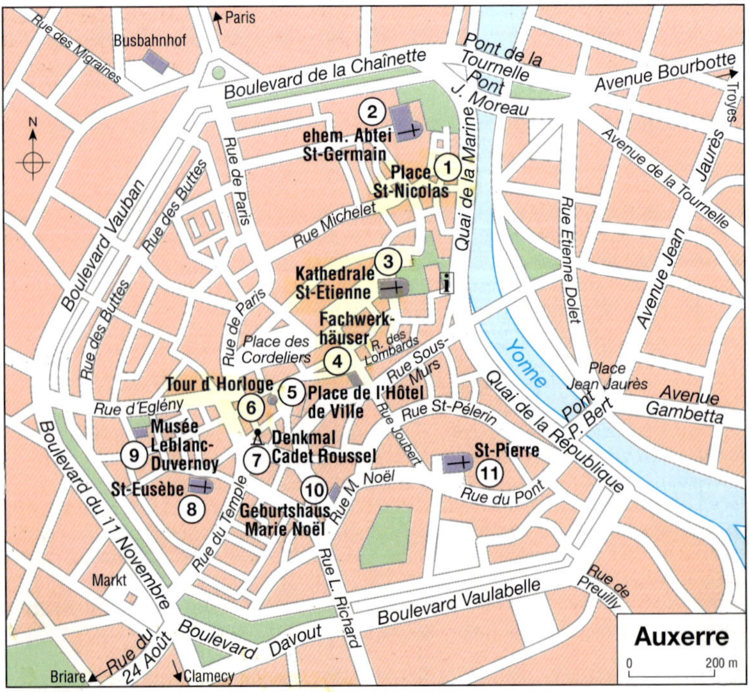

Einer Besonderheit in der künstlerischen Gestaltung von St-Etienne begegnet man in der Krypta: ein **Fresko** zeigt Christus auf einem Schimmel, von vier Engeln der Apokalypse – gleichfalls zu Pferde – begleitet, eine Komposition, die zumindest in Frankreich einzig ist. Der Künstler hat sogar versucht, die Bewegung des Schimmels, fast möchte man sagen: filmisch, mit drei Kopfumrissen darzustellen.

Der Rundgang weiter zum Stadtzentrum kann vom rechten Seitenportal von St-Etienne zur Rue Lombard führen, an **Fachwerkhäusern** ④ vorbei zur Rue Fécauderie, in eine Fußgängerzone mit vielen Läden. An der **Place de l'Hôtel de Ville** ⑤ steht ein originelles **Denkmal** der Schriftstellerin **Marie Noël** (1883–1967), die über das Leben in Auxerre schrieb – wie zwei Jahrhunderte zuvor der bei Auxerre geborene **Nicolas Edme Restif de la Bretonne** (1734–1806). Der war ein Freigeist, und als solcher machte er sich auch in dem Roman ›Monsieur Nicolas‹, der von seiner Jugend in Auxerre handelt, kenntlich.

Auf der benachbarten **Place des Cordeliers** gab es einmal ein Franziskanerkloster; es wurde in den siebziger Jahren abgerissen und, heißt es, in die USA verkauft. Man wendet sich dem Uhrturm, der **Tour d'Horloge** ⑥ von 1483, zu, an deren Stelle bereits zu gallorömischer Zeit eine Befestigung existierte. Die Uhren für Sonnen- und Mondlauf stammen aus dem 17. Jh.

Ein Platz öffnet sich dem nächsten. Auf der **Place Charles-Surugu** reckt sich wieder ein Auxerre-Original, der Gerichtsdiener **Cadet Roussel** (1743–1807) – zu seinen Lebzeiten berühmt für verrückte Streiche trotz amtlicher Würden, als **Denkmal** ⑦ frisch renoviert.

Aus dieser Stadtmitte der Läden und Imbißstuben, Café-Bars und Bistros kann man noch Abstecher zur ursprünglich romanischen **Kirche St-Eusèbe** ⑧ mit Glasfenstern aus dem 16./17. Jh. machen und einige Ecken weiter zum **Musée Leblanc-Duvernoy** ⑨. Das ehem. Patrizierhaus ist ein wahres Schatzhaus: voll kostbarer Möbel, antiker Keramik, Beauvais-Tapisserien und Gemälde (9 bis, rue Egleny, Mi–Mo 14–18 Uhr, Tel. 03.86.51.09.74).

Zum Quai de la République geht es zurück über die Rue Paul Bert und die Rue Marie Noël (mit **Marie Noëls Geburtshaus** ⑩, keine Besichtigung). Man kann an der Rue Joubert durch einen üppigen Renaissancebogen – mit Symbolen ländlicher Fruchtbarkeit, Skulpturen Noahs und der Göttin Ceres – auf den Vorhof der **Kirche St-Pierre** ⑪ treten. Deren *Flamboyant-Turm* wurde im 16. Jh. von Winzern, Küfern und Weinhändlern finanziert und nach dem Vorbild der Kathedrale St-Etienne prachtvoll erbaut.

Auxerres gotische Kathedrale St-Etienne

Ausflug

Chablis (19 km östlich)

Das Winzerstädtchen (2400 Einwohner) mit den starken Rundtürmen der **Porte Noël** (1778) und schönen Fachwerkhäusern hat auch **Wander-** und **Fahrradtouren** durch die Weinberge (insgesamt rund 1400 ha in 20 Gemeinden) anzubieten. Die weltberühmten trockenen Weißweine ohnehin... Auf dem rechten Ufer der Serein wachsen Grand-Crus. Die **Wein-Adresse** mit dem interessantesten historischen Hintergrund ist die **›Domaine Long Depaquit‹**. Ihr Gründer Simon Depaquy, Bruder des Abts von Pontigny [Nr. 34] und dessen Bevollmächtigter, ergriff die Chance, als 1790 die Weinberge der Abtei privatisiert wurden, und erwarb beste Lagen wie ›Moutonne‹ und ›Vaudesirs‹, heiratete und hatte vier Kinder. Bis 1967, als Louis Long Depaquit kinderlos starb, blieb das

TOP TIP

BASSES-PYRENÉES
LOIR

FLEURS

Weingut im Besitz der Familie, dann wurde es von der Weinhändler- und Winzerfamilie Bichot aus Beaune übernommen und umfaßt heute 60 ha (Weinproben und Verkauf: 45, rue Auxerroise, Tel. 03.86.42.11.13, Fax 03.86.42.81.89).

Praktische Hinweise

Information: Office de Tourisme, 1–2, quai de la République, 8900 Auxerre, Tel. 03.86.52.06.19, Fax 03.86.51.23.27. Auch Stadtführungen.

Office de Tourisme, Petit Pontigny, 89900 Chablis, Tel. 03.86.42.80.80, Fax 03.86.42.80.16

Hotels

****__Le Parc des Maréchaux__, 6, av. Foche, Tel. 03.86.51.43.77, Fax 03.86.51.31.72. Angenehmes ruhiges Haus, ohne Restaurant, knapp außerhalb des Boulevardrings um die Altstadt.

***__Le Maxime__, 2, quai Marine, Tel. 03.86.52.14.19, Fax 03.86.52.21.70. Nahe dem Yonne-Ufer, gleichnamiges Restaurant in der Nachbarschaft. Parkmöglichkeit.

***__Normandie__, 41, bd Vauban, Tel. 03.86.52.57.80, Fax 03.86.51.54.33. Angenehmes Haus am Boulevardring der Stadt, doch ruhig. Sauna und Bar, kein Restaurant.

/**__Hostellerie des Clos__, 18, rue Jules-Rathier, Chablis, Tel. 03.86.42.10.63, Fax 03.86.42.80.04. Ruhig, sehr gutes Restaurant.

**__Ibis__, route Auxerre, Chablis, Tel. 03.86.42.49.20, Fax 03.86.42.80.04. Praktisch für Auto-Touristen.

Restaurants

Barnabet, 14, quai de la République, Tel. 03.86.51.68.88, Fax 03.86.52.96.85. Sehr gutes Restaurant mit gutem Preis-Leistungsverhältnis. Elegant eingerichtet (So abends und Mo geschl.).

La Taverne de Maître Kanter, 11, pl. Charles Lepère, Tel. 03.86.52.16.21. Vielbesuchtes Stadtrestaurant im 1. Stock, Brasserie im Erdgeschoß.

Ein Spaziergang durch Auxerre: Alte Graphiken warten im Buchladen, das Fachwerk ist besonders reizvoll und die Auswahl an Käse selbstverständlich übergroß – französische Provinz, wie sie sich mancher erträumt

Chablis: Schon zu Beginn des 12. Jh. legten Mönche dort die ersten Weinberge an

30 St-Sauveur-en-Puisaye

La Puisaye – eine von Seen und Flüssen durchzogene, waldige Landschaft – Kinderland einer Dichterin.

Die Schriftstellerin **Colette** (eigtl. Sidonie-Gabrielle Colette, 1873–1954) hat das Dorf, das auch Schauplatz ihrer ›Claudine‹-Romane ist, nie vergessen und die ländliche Atmosphäre der Puisaye immer wieder gesucht. In St-Sauveur, ihrem Geburtsort, wurde das Schloß ambitioniert zu einem **Gedächtnismuseum** gestaltet, mit vielen Erinnerungsfotos von Freunden und Zeitgenossen, Originalmöbeln und Gegenständen, die ihr lieb waren, mit Musik und mit Aufnahmen ihrer Stimme. Unter dem Dach gibt es eine **Bibliothek** besonderer Art: Hunderte von Büchern sind hier zu finden, aber jedes enthält nur einen einzigen Absatz aus einem von Colettes Werken: Da wächst die Lust aufs Mehr-Lesen (Apr.–Okt. Mi–Mo 10–18 Uhr).

Das Schloß ist jedoch keineswegs Colettes Geburtshaus – dieses ist zwar erhalten, aber nicht zu besichtigen. Ein Gang durch die Felder in der Nähe, an Hecken und kleinen Waldstücken entlang, erweckt noch heute die authentische Stimmung, die Colettes Autobiographie ›Die Erde mein Paradies‹ beschwört.

Touristische Anziehungspunkte in St-Sauveur-en-Puisaye sind auch die **Kirche** mit ihrem hölzernen Langhaus-Gewölbe und der sogenannte **Sarazenenturm**, die Ruine des Bergfrieds, der übrigblieb von der Burg aus dem 12. Jh.

Ausflüge in die Puisaye

Die Puisaye ist ein Land, das man gut mit dem Fahrrad oder zu Fuß erkunden kann. Sehenswürdigkeiten liegen an den Wegen: das **Château de Ratilly** bei Treigny, in dem *Kunstausstellungen* und eine *Töpferei* zu finden sind (tgl., im Winter nur Mo–Sa 10–12, 15–18 Uhr, 8 km südwestlich), und in **Saints** eine *Wassermühle*, die noch in Betrieb ist (5 km östlich).

Moutiers (2,5 km südwestlich) ist Ziel eines liebevoll beschriebenen *Wanderweges* ›Chemin des Roches‹. Das kleine Heft dazu kann man im Laden des Musée Colette in St-Sauveur erwerben. In der **Kirche St-Pierre** wurden 1982 *Wandmalereien* aus dem 12. und 13. Jh. und (im Altarraum) aus dem 16. Jh. entdeckt. Die geschlossene Vorhalle der Kirche hat seltene, orientalisch wirkende Fenster aus durchbrochenem Mauerwerk.

Praktischer Hinweis

Information: Syndicat d'Initiative, Château (Parkeingang), 89520 St-Sauveur-en-Puisaye, Tel. 03.86.45.61.31

31 St-Fargeau

Ein Fünfeck-Schloß im Bauernland.

Mächtige Mauern erinnern daran, daß das **Schloß St-Fargeau** zwischen dem 15. und 17. Jh. an der Stelle einer mittelalterlichen Burg entstanden ist. Den fünfeckigen Grundriß betonen wuchtig **dicke Türme**. Sie besitzen unterschiedliche Grundrisse. Diese leichte Unregelmäßigkeit sowie die Wasserflächen und das reiche Grün in der Umgebung nehmen jeglichen Eindruck von Schwere und Klobigkeit.

Die Eleganz der Barockarchitektur des Versailler Baumeisters Le Vau zeigt sich auch bei der Gestaltung des Innenhofs. Im 17. Jh. hat hier ›la Grande Mademoiselle‹ residiert, die Cousine Ludwigs XIV., die er wegen eines politischen Streits aus Versailles verbannt

Im Museum begegnet man ihr: der berühmten Colette

… aber immer mit Herz

St-Sauveur-en-Puisaye war im vorigen Jahrhundert eine Kleinstadt bäuerlicher Prägung, fern allem mondänen Pariser Flair. Hier wurde 1873 **Sidonie-Gabrielle Colette** *geboren, und hier wuchs sie als vitales Kind vom Lande auf, bevor sie zur berühmten Romanschriftstellerin wurde, Autorin von* **›Mitsou‹** *(1919),* **›Chéri‹** *(1920),* **›Gigi‹** *(1944) und anderer beachteter Prosa, Vorsitzende der Königlich-Belgischen Akademie und Präsidentin der Académie Goncourt. Ohne wehleidigen Ton beschrieb sie, mit sicherem Gefühl für das Atmosphärische, Schicksale junger Frauen, Menschen- und Tierliebe. Marcel Proust nannte sie seinerzeit »das menschliche Herz der französischen Literatur«.*

Das Provinzmädchen verwandelte sich nach der sehr frühen Heirat mit Henry Gauthier-Villars (›Willy‹) zur weltgewandten Großstädterin, die im Varieté auftrat und schon in jenen prüden Jahren barbusig auf die Bühne kam. Von der Ausbeutung durch ihren ersten Mann befreite sie sich nach dreizehnjähriger Ehe – er hatte jahrelang alles, was sie schrieb, unter seinem eigenen Namen veröffentlicht. In zweiter Ehe heiratete sie 1912 den Journalisten Henri de Jouvenel, in dritter Ehe 1935, elf Jahre nach der zweiten Scheidung, den Schriftsteller Maurice Goudeket. Bis in ihr Alter – sie starb 1954 – bewahrte sich die Colette den Ton frischer Unmittelbarkeit, der ihr bis heute eine treue Leserschaft sichert.

hatte. Dies und viele andere Episoden der französischen Geschichte werden jeden Sommer in einem großen **Freilicht-Spektakel** mit Hunderten von Schauspielern und Statisten vorgeführt. Das reich möblierte Schloß ist in einer 40-minütigen, leider recht teuren **Führung** zu besichtigen (auch auf deutsch und englisch). Täfelungen, Lüster, Silber, Fayencen, eine alte Küche, eine Kapelle und, als ungewöhnliche Besonderheit, das kunstvoll gefügte Gebälk der Dachstühle können bewundert werden (Apr.–Nov. tgl. 10–19 Uhr, Wartezeiten. ›Spectacle Historique‹ Juli/Aug., jeweils 22 Uhr, Tel. 03.86.74.05.64).

Der Ort **St-Fargeau** ist gemütlich und malerisch. Man hat zum Vergleich alte Fotos von Stadtansichten an den Häusern angebracht. Wer sich für Oldtimer der Tonwiedergabe interessiert: Dank einer Stiftung konnte die Stadt ein **Phonographen-Museum** errichten, in dem es die alten Trichtergeräte im Dutzend zu bestaunen gibt (place de l'Hôtel de Ville, Apr.–Okt. tgl. 10–12 und 14–18 Uhr, Tel. 03.86.74.13.06).

Bäuerliche Kultur vor der Mechanisierung der Landwirtschaft zeigt höchst anschaulich und mit lebendem Vieh die **Ferme du Château** (500 m vom Schloß entfernt. Dort auch Verkauf lokaler Produkte, Apr.–Nov. 9–19 Uhr, Tel. 03.86.74.03.76).

Ausflüge

Parc Naturel de Boutissaint

(etwa 11 km südöstlich)

Wer geduldig genug wartet, kann hier Tiere in freier Wildbahn beobachten. Fast 400 ha groß ist der Wald, in dem sich **Rehe, Hirsche, Wildschweine** und **Bisons** aufhalten. Er ist offen für Wanderer, Radler und Reiter, **Picknickplätze** sind eingerichtet (ganzjährig von Sonnenaufgang bis Sonnenuntergang; Möglichkeit zur geführten Fotopirsch, Anmeldung Tel. 03.86.74.07.08).

Treigny (etwa 15 km südöstlich)

Treigny hat eine sehenswerte **spätgotische Kirche** im Flamboyantstil aus dem 15. Jh. Der Ort ist ein altes **Zentrum der Töpferei**, die so typisch für die Landschaft Puisaye ist. Im Sommer werden im Weiler **Chaineau**, in dem die alten Brennöfen stehen, häufig *Töpferausstellungen* veranstaltet.

Praktische Hinweise

Information: Maison de la Puisaye, 3, pl. de la République, 89170 St-Fargeau, Tel. 03.86.74.15.72, Fax 03.86.74.15.82

Hotel

****Le Relais du Château**, 1, promenade du Grillon, Tel. 03.86.74.01.75, Fax 03.86.74.09.73. Günstig nahe zur Schloßbesichtigung, gute bodenständige Kost.

32 Sens

Eine der ersten gotischen Kathedralen, ein exorbitanter Schatz und attraktive Ziele im Umland.

Bis heute ist die mittelalterliche Stadtgestalt in ihrem Mauerring klar erkennbar geblieben, erst in neuerer Zeit begann sich Sens über die Yonne-Insel hinaus auf den Hügeln des Westufers auszubreiten.

Geschichte ›Burgund nur eine Stunde von Paris‹, empfiehlt sich Sens jetzt seinen Besuchern. Im Mittelalter hatte die heutige Provinzstadt Sens politisches Gewicht, war kirchenpolitisch sogar Paris übergeordnet: Sens war nämlich **Sitz des Erzbistums**, Paris eine seiner Diözesen – und der Konkurrent des Erzbischofs von Sens war der von Reims. Als Henri Sanglier, Erzbischof von Sens und freundschaftlich mit Bernhard von Clairvaux verbunden, um 1140 den Bau der Kathedralkirche St-Etienne in Auftrag gab, war dies auch als Zeichen von Anspruch und Selbstgefühl zu werten. Mit St-Denis im Norden von Paris gehört St-Etienne zu den ersten frühgotischen Kirchenbauten.

Die Anfänge der Stadt liegen schon bei den gallischen Senonen. Sie wurden zu Gallorömern, ihre Stadt hieß nun Agedincum. Der Missionar **St-Savinien** wurde hier zum Märtyrer, künftig durfte sich das geistliche Oberhaupt der Stadt ›Primas von Gallien und Germanien‹ nennen. **König Ludwig IX.** (später: der Heilige) wählte 1234 Sens für die Zeremonie seiner Heirat mit Marguerite, der Erbin der Provence. Fünf Jahre darauf brachte er aus Jerusalem die Dornenkrone Christi nach Sens, die freilich dann doch nach Paris in die eigens erbaute Ste-Chapelle kam. Der Machtzuwachs der Kapetinger-Könige ließ Sens in den Schatten treten.

Besichtigung Vom Parkplatz auf der Place Jean-Jaurès führt der **Rundweg** zuerst durch eine Altstadtgasse (Impasse Abraham) zur **Maison de l'Œuvre** mit ihrem noch mittelalterlichen Hof.

TOP TIP

Die **Kathedrale St-Etienne** (12.–18. Jh.) ist schon im Blick, mit den benachbarten **Palästen** von **Erzbischof** (16.–18. Jh.) und **Synode** (13. Jh.) ein imposanter, durch die Jahrhunderte gewachsener Baukomplex. Die beiden Paläste werden als **Museen** genutzt, die Sammlungen seit Mitte der achtziger Jahre neu eingerichtet.

Eine Katastrophe traf den Bau der Kathedrale im Jahr 1268, als der **Südturm** einstürzte. Erst drei Jahrhunderte später wurde der Wiederaufbau mit einem aufgesetzten Renaissance-Campanile beendet, der über dem kraftvoll gedrungenen Turm und seinem feinen Maßwerk heute merkwürdig disproportioniert wirkt. Der **Nordturm** blieb fragmentarisch niedrig.

Trotzdem ist die reiche Gliederung der **Fassade** mit den *Spitzbögen* der Portale und Fenster ein Augenfest – und läßt den Stilumbruch von der Romanik zur Gotik deutlich werden.

An den Portalen der Kathedrale und ihrem Skulpturenschmuck hat der Bildersturm der Revolution schwere Schäden angerichtet. Erhalten blieb jedoch – dank des pfiffigen Einfalls eines Kunstfreundes – die **Standfigur des hl. Stephan** (St-Etienne). Der machte den Heiligen, so heißt es, mit einer Jakobinermütze ›politisch korrekt‹.

Zu den schönsten Kunstwerken der Kathedrale gehören die **Fensterrosen** (auch an der Südfront, im Palasthof) und die **farbigen Fenster** aus dem 13. Jh. (Kapelle hinter dem Chor; Darstellung des Martyriums von St-Savinien) sowie aus dem 15. und 16. Jh., die im rechten Seitenschiff vormittags bei Sonnenlicht zu großartiger Wirkung kommen. In einer Seitenkapelle rechts vom Chor lächelt eine **gotische Madonna**, eine grazile Sandsteinskulptur. Auch die schmiedeeisernen **Chorgitter** des 18. Jh. und das **Chorgestühl** sind außerordentliche Kunstleistungen (Kathedrale 12–14 Uhr geschl.; in der Saison auch nächtliche Führungen: Mi und Sa 21 Uhr, Tel. 03.86.64.44.22).

Schatzkammer und Museum

Eine der kostbarsten Sammlungen sakraler Kunst in Frankreich bewahrt die **Schatzkammer** (Trésor), darunter einen *Reliquienbehälter* aus feinstgeschnitztem Elfenbein mit Darstellungen der Ge-

Sens lag vor langen Jahrhunderten in der Konkurrenz mit Paris zeitweise vorn und leistete sich darum auch eine großartige gotische Kathedrale: St-Etienne

Farbschöne Kunstwerke aus dem 13.–15. Jh.: Der Großteil der wunderbaren Glasfenster von St-Etienne blieb über die Zeiten erhalten

schichten um David und Joseph, u. a. der sieben fetten und sieben mageren Jahre (italienische Arbeit, 11.–13. Jh.). Auch *Elfenbeinschnitzereien* aus dem islamischen Orient, *Goldschmiedearbeiten* und kostbare *Textilien* von extrem hohem Alter (eine Kasel aus dem 8. Jh., ein Krönungsmantel aus dem 9. Jh., Seidenstoffe aus dem 8. Jh.) und *Funde* aus dem Grab eines Erzbischofs aus dem 9. Jh. sind ausgestellt. Fotografieren ist erlaubt, ohne hochempfindliches Filmmaterial aber nicht möglich (Blitz verboten).

In den **Musées de Sens** (Erzbischofs- und Synodalpalast) sind Zeugnisse der **Kultur- und Kunstgeschichte** von der Altsteinzeit bis zum 19. Jh. zu entdecken, mit Hauptbereichen in der Vorgeschichte und der Antike, u. a. aus der Bronzezeit der *›Schatz von Villethierry‹* aus der Werkstatt eines Kunstschmieds, die monumentale Rekonstruktion einer gallo-römischen *Thermenfassade*, antike *Mosaiken* und sozialhistorisch hochinteressanter *Grabstelen* (Zugang rechts von der Hauptfassade der Kathedrale beim Synodalpalast; Juni–Sept. Mi–Mo 10–12 und 14–18 Uhr, Okt.–Mai Mi, Sa und So 10–12 und 14–18, Mo, Do und Fr 14–18 Uhr, Tel. 03.86.64.46.22).

Nach dieser kostbaren Fülle, die anzusehen leicht einen ganzen Vormittag beansprucht, kann der Rundgang durch die Altstadt mit ihren vielen Fachwerkfassaden, stillen Seitengassen und begrünten Boulevards sehr erholsam sein. Recht lebendig sind die Bistros an der Place de la République mit der renovierten **Markthalle** aus dem 19. Jh. Über die Rue de la République und östlich über die Rue des Déportés et de la Résistance kommt man in ein **Viertel**, das sich seit dem 18. Jh. kaum verändert hat. Altertümlichen Namen wie Rue du Tambour d'Argent (= silberner Trommler) oder Rue du Lion d'Or (= goldener Löwe) begegnen einem hier. Eindrucksvoll sind die mächtigen, hohen **Stadtmauern** am Boulevard du Quatorze Juillet. Sie wurden zuerst in der Zeit der Völkerwanderung im 4. Jh. errichtet und zeigen ihre Geschichte mit unterschiedlichem Mauerwerk, von behauenen römischen Natursteinblöcken bis zum Ziegel. Von 26 **Mauertürmen**

Hauptportal von St-Etienne: Im Mittelalter wurden bei jedem großen Kirchenbau die Portale mit Bildwerken der Verheißung und/oder der Warnung vor dem Bösen geschmückt

sind noch vier erhalten, von den Stadttoren die **Poterne de Garnier-des-Prés** an der Rue de l'Amiral Rossel. Zurück geht es über die Rue de la République und von dort westlich in die Rue Jean-Cousin: An der Straßenecke zeigt die **Maison dite d'Abraham** das Zeichen der Färberinnung und eine schön geschnitzte ›Wurzel Jesse‹, unter den Häusern des 16. Jh. ist die **Maison Jean Cousin** besonders gut restauriert.

In der Schatzkammer: Reliquienbehälter aus Elfenbein, feinste italienische Arbeit

Noch weiter westlich erreicht man das **Yonne-Ufer**. An den Kais kann man nur ein kleines Stück spazieren, auf der Yonne-Insel die (allerdings meist geschlossene) **Kirche St-Maurice** aus dem 12. Jh. mit nadelspitzem Turm besuchen, vor allem aber das **Panorama** der Flußlandschaft genießen.

Zum Zentrum kehrt man durch die **Grande-rue** zurück, schon seit Jahrhunderten eine Straße der Läden und Restaurants, in der vor allem die **Häuser Nr. 90, 96** und **102** sehenswert, insgesamt aber die alten Fassaden durch große Schaufenster geschädigt sind. Üppige Gründerzeit-Architektur zeigt das **Hôtel de Ville** von 1904. Ein Stück weiter nördlich, nahe der Place Jean-Jaurès findet man das **Theater** von 1882 – es gilt seit der Renovierung Anfang der achtziger Jahre als das schönste ganz Frankreichs im italienischen Stil. Blumenfreunde wird es in Sens, das als ›Ville Fleurie‹ ausgezeichnet ist, zum Park mit dem kleinen See, dem **Etang de la Ballastière**, am Nordrand der Stadt ziehen – und zum **Fest des St-Fiacre**, des Schutzherrn der Gärtner, am zweiten Septemberwochenende.

Ausflüge

Villeneuve-sur-Yonne (13 km südl.)

Mit der gotischen **Kirche Notre-Dame**, dem **Musée des Beaux-Arts** (2, rue Carnot, Juni–15. Sept. Mi–Mo 15–19 Uhr, 16. Sept.–Okt. bis 18 Uhr, Tel. 03.86.96.96.83), dem Überrest der einstigen **Königsburg** und seinem pittoresken **Stadttor** ist diese alte Stadt der Flußschiffer und Winzer einen Rundgang und das Restaurant **›La Lucarne aux Chouettes‹** mit seiner Aussichtsterrasse am Fluß eine Empfehlung wert (quai Bretoche, Tel. 03.86.87.18.26, Fax 03.86.87.22.63, Okt.–Apr. So abends und Mo geschl., auch einige **** Hotelzimmer).

Pays d'Othe und Vanne-Tal

Im Südosten von Sens erstreckt sich das **Pays d'Othe** und der **Wald von Othe**. Hier liefern zahllose Apfelbäume den Rohstoff für den Cidre, und unterirdische Wasserläufe versorgen schon seit Baron Haussmanns Zeiten Paris mit Trinkwasser.

Nördlicher, bei Nogent-sur-Seine, kann man in romantischer Waldlandschaft jungsteinzeitliche *Dolmen* bei **Lancy** und die *Reste der Abtei von Vauluisant* finden. Ein Naturdenkmal ist die ›Chêne Sauvageon‹, eine **Roteiche** von 31 m Höhe und einem Stammumfang von 4,8 m. Exkursionen werden von der O. N. F. (Landesforstverwaltung) organisiert, Tel. 03.86.52.26.27.

Praktische Hinweise

Information: Office de Tourisme, 1, place Jean-Jaurès, 89100 Sens, Tel. 03.86.65.19.49, Fax 03.86.64.47.96

Office de Tourisme, 89500 Villeneuve-sur-Yonne, 4, rue Carnot, Tel. 03.86.87.36.28

Parken: Bessere Chancen als auf dem zentralen Parkplatz Place de la République oder auf der Place des Jacobins westlich davon hat man nördlich vom Stadtzentrum an der Place Jean-Jaurès.

Hotels

/***Hôtel de Paris & de la Poste**, 97, rue de la République, Tel. 03.86.65.17.43, Fax 03.86.64.48.45. Innenstadthotel mit gutem Restaurant.

****Croix Blanche**, rue Victor-Guichard, Tel. 03.86.64.00.02, Fax 03.86.65.29.19. Nahe der Altstadt, mit Garten (Restaurant Fr abends und Sa geschl.).

Restaurants

La Potinière, 51, rue Cécile-de-Marsagny, Tel. 03.86.65.31.08. Mittelklasserestaurant mit Terrasse am Fluß (Mo abends und Di geschl.).

Auberge de la Vanne, 176, av. de Senigallia, Tel. 03.86.65.13.63. Im Süden der Stadt gelegen, mit Garten und Restauranttterrasse (So abends und Di geschl.).

33 Joigny

Eine alte, amphitheatralisch angelegte Stadt entwickelt sich zu einer Yonne-Schönheit.

Drunten eine lebensfrohe Uferpromenade, Läden, Caféhaustische, angeregte Gespräche, droben die Gassen einer Altstadt, die mit denkmalpflegerischem Einsatz ihre ererbte Schönheit wieder auffrischt. Wunderschöne **Fachwerkhäuser** sind zu bewundern, die **Kirche St-Thibault** mit ihrer lieblich lächelnden Madonna, die **Kirche St-Jean** mit ihrem stolzen Renaissance-Marmorgrabmal einer Gräfin von Joigny. Anderes hat der Stadtbrand von 1530 unwiederbringlich zerstört. Noch 1981 ließ eine Gasexplosion an der Cour des Miracles inmitten der Stadt ehrwürdige Bauten zusammenstürzen, aber flugs ist an ihrer Stelle das moderne **Kulturzentrum ›Jean de Joigny‹** entstanden.

In vielen Burgund-Reisebüchern ist die 10000-Einwohner-Stadt bisher nicht einmal erwähnt. Das wird sich ändern, schon gibt es attraktive Hotel- und Restaurantadressen, Yonne-Kreuzfahrten auf einem Restaurant-Schiff, Sportangebote und im Tourismusamt mit der hinreißenden Original-Belle-Epoque-Fassade Bildprospekte, sogar auf deutsch.

Ausflüge

Dicy: die ›Fabuloserie‹ (25 km westl.)

Der Kunst ›außerhalb der Normen‹, der ›Art brut‹, ist das **Museum ›Fabulose-**

Joigny: reich an Fachwerkhäusern, mit attraktiven Hotels und Restaurants versehen und in der Umgebung dazu noch mit interessanten Museen

rie‹ gewidmet, das die in drei Jahrzehnten von Alain Bourbonnais gesammelten Arbeiten von Amateurkünstlern, Kindern und psychisch Kranken vorstellt – Werke aus hunderterlei Materialien und in tausenderlei phantastischen Formen (Tel. 03.86.63.64.21, Juli–Aug. 14–18 Uhr, Ostern–Juni und Sept.–Allerheiligen nur Sa/So und Fei).

Laduz: Volkskunst Frankreichs

(15 km südlich)

Raymond Hubert, ein anderer Sammler voll Passion und Energie, präsentierte 1986 im **Musée rural des arts populaires** seine Kollektion aus vier Jahrzehnten. Dies ist ein Bauernhofmuseum im besten Sinn, mit den handgreiflichen Erinnerungen an längst außer Gebrauch gekommene Werkzeuge, Spielzeuge und Kunstwerke des ländlichen Lebens (Juni–Sept. 11–19 Uhr, Ostern–Mai und Okt. Sa/So und Fei 14–19 Uhr, Tel. 03.86.73.70.08).

Praktische Hinweise

Information: Office de Tourisme, 4, quai Henri-Ragobert, BP 52, 89302 Joigny, Tel. 03.86.62.11.05, Fax 03.86.91.76.38. Stadtführungen.

Hotels

******La Côte St-Jacques**, 14, faubourg Paris, Tel. 03.86.62.09.70, Fax 03.86.91.49.70. Burgundische Spitzenadresse: elegante Einrichtung, Garten, höchste Anerkennungen für die Küche von Jean-Michel Lorain, entsprechende Preise.

/****La Rive Gauche**, rue Port au Bois, Tel. 03.86.91.46.66, Fax 03.86.91.46.93. Postmoderne Eleganz, am Südufer der Yonne mit Panorama, Restaurantterrasse und Garten, Tennis.

34 Pontigny

Für viele die schönste frühgotische Kirche Burgunds.

Wie ein langgestreckter Schiffskörper erhebt sich die **Zisterzienser-Kirche** von Pontigny über das flache Ackerland. Eine große Ruhe geht von dieser 1114 gegründeten Abtei aus, der ›zweiten Tochter‹ von Cîteaux.

Geschichte Im Mittelalter war Pontigny eine der reichsten und einflußreichsten Abteien Frankreichs. Nach der Revolution und ihren Folge-Zerstörungen – das beliebte Rezept ›Kloster als Steinbruch‹ – nutzte von 1842 bis 1903 noch einmal eine Mönchsgemeinschaft, die ›Pères de St-Edmé‹, die verbliebenen Gebäude. **Edmond Rich**, einer der drei Erzbischöfe von Canterbury, die in Pontigny Zuflucht suchten (ein anderer war Thomas Becket), starb 1240 in Pontigny. Sein Grab wurde Pilgerziel, er selber später heiliggesprochen.

Internationales Ansehen gewannen die ›Décades de Pontigny‹ des Philosophen Paul Desjardins, ein Versuch der geistigen Erneuerung nach dem Ersten Weltkrieg, unter Beteiligung von André Malraux, Thomas Mann, Paul Valéry, bis zum neuerlichen deutschen Einmarsch in Frankreich 1940. Papst Pius XII. wählte 1954 Pontigny für die ›Mission de France‹. Heute ist das alles Geschichte, die Gebäude werden für die berufliche Rehabilitation von behinderten Jugendlichen genutzt.

Besichtigung Die reinen Formen von Wand, Säule, Gewölbe, Bogen und Spitzbogen prägen so klar wie nirgends sonst in Burgund das **weiße Kirchenschiff**. Und das Licht! Anders als in Fontenay [Nr. 40] kann es durch großflächige Fenster einfallen. Zwischen 1140 und 1170 erbaut, um 1185 mit dem Kapellenkranz des Umgangschors erweitert, zeigt sich Pontigny von der jungen Gotik der Ile de France geprägt, in erstaunlicher Vollkommenheit am Anfang einer neuen Stilepoche. Sehr störend wirken leider der steinerne **Baldachin** über dem Reliquienschrein und das für seine künstlerische Qualität vielgepriesene barocke **Gestühl** (17. Jh.), das eine düstere Raumschranke in das lichte Mittelschiff setzt.

Die ›Amis de Pontigny‹ veranstalten **Konzerte**, vor allem ›Pentecôte à Pontigny‹, liturgische Vokalmusik (BP 6, 89230 Pontigny, Tel. 03.86.47.54.99, Fax 03.86.47.84.66).

35 Tonnerre

Ein mittelalterliches Armenkrankenhaus mit der Halle der sieben Barmherzigkeiten.

In den welligen Hügeln, zwischen großen Feldern, Weinbergen und weiten Wäldern liegt Tonnerre, am kleinen Fluß Armançon und dem Canal de Bourgogne, der den Fluß begleitet.

Geschichte Die Anfänge gehen auf gallorömische Zeit zurück, als der Platz ›Tornodurum‹ hieß. Manches spricht für noch frühere, keltische Vergangenheit. Im Lauf des Mittelalters wurde Tonnerre mehrmals von Kriegshandlungen heimgesucht. Ein Brand im 16. Jh. ist die Ursache, daß die Altstadt zwar in ihrem Grundriß, nicht jedoch in ihrer hauptsächlichen Bausubstanz mittelalterliche Gestalt hat.

Für viele der Inbegriff strenger, klarer Gotik: das langgestreckte Kirchenschiff des Zisterzienser-Klosters Pontigny, nicht weit von Auxerre in stiller Landschaft gelegen

Besichtigung Hauptsehenswürdigkeit ist zweifellos das **Hôtel-Dieu**. Dieses ›Hôpital de Notre-Dame des Fontenilles‹ ist ein früher, stattlicher Vorläufer des Hôtel-Dieu in Beaune, erstaunlicherweise 150 Jahre älter. Sein **riesenhaftes Dach** überragt die Häuser der Umgebung und weist den Weg. 1293 wurde das Hospital von **Margarethe von Burgund** gestiftet. Sie war nach dem Tod ihres Mannes Karl I. von Anjou, König von Neapel und Sizilien, in ihre burgundische Heimat zurückgekehrt und erhoffte sich durch die große barmherzige Stiftung Seelenrettung im Jenseits. Die **sieben Dienste der Barmherzigkeit** sollten, wie sie in der Stiftungsurkunde erklärte, jedem Bedürftigen geleistet werden: Hungernden und Dürstenden zu helfen, Fremde und Pilger zu beherbergen, Nackte zu kleiden, nach Kranken zu sehen, Gefangene zu trösten und Tote zu begraben.

Beeindruckend: fast 100 m lang, 18 m breit und 20 m (!) hoch ist die **Halle**, in der sich früher der Krankensaal befand. Damals floß ein Bach in einer steinernen Rinne mitten durch das Gebäude. Der Blick geht bis unter das Dach zum **Rundtonnengewölbe** aus Eichenholz, einer großartigen Zimmermannsarbeit, die Jahrhunderte stabil gehalten hat. Das Hospiz war, wie das in Beaune, auch geistlicher Ort mit angeschlossener Kapelle und diente als **Grabstätte** für Stifter und Förderer, deren Grabsteine im Boden zu sehen sind.

Früher der Waschplatz von Tonnerre: ein Quelltopf mit starkem Wasserausstoß, Fosse Dionne genannt

Der **Altar** am Hallenende trägt eine schöne *Skulptur der Madonna* aus dem 14. Jh., vor der Moses mit dem Dornbusch kniet. Aus dem 19. Jh. stammt das *Grabmal der Königin Margarethe* (das Original war in der Revolution zerstört worden), auch das *Grabmal von Louvois*, dem Minister Ludwigs IV., kam erst im 19. Jh. hierher. Ein Werk des 18. Jh. ist der *Meridian* aus Messing, der in den Boden der Halle eingelassen ist. Er zeigt beim Aufleuchten des Sonnenstrahls in den Ellipsen die Mittagsstunde nach Ortszeit an.

In einer **Nebenkapelle** ist eine große Darstellung der *Grablegung Christi* zu sehen (15. Jh.), deren Ausdruck allerdings nicht die künstlerische Intensität der Werke Claus Sluters erreicht.

Direkt mit dem Hauptbau verbunden ist ein **Museum**, das *Reliquiare, Ornate, Skulpturen* und *Stiftungsurkunden* zeigt – alles bezieht sich auf das Hôtel-Dieu und seine Geschichte (Apr., Mai, Okt. Sa/So 13–18 Uhr, Juni–Sept. Mo–So 10–12, 13–18 Uhr, Tel. 03.86.55.15.54).

Geheimnisvolles Tonnerre

Geht man an der Schmalseite des Hôtel-Dieu die Rue de l'Hôpital in südlicher Richtung entlang, kommt man alsbald zum **Hôtel d'Uzès**, einem Palais aus dem 16. Jh. Es ist ein stattlicher Bau, nicht zugänglich, aber interessant, weil es das Geburtshaus einer geheimnisvollen Persönlichkeit des 18. Jh. ist: des **Chevalier d'Eon**, der ein romanhaftes Leben als Haudegen und Agent führte und anschließend ein zweites Dasein – als Dame.

Noch mehr Geheimnisvolles? Der ältesten Sehenswürdigkeit Tonnerres ist man noch nicht genügend auf den Grund gegangen. Es ist die **Fosse Dionne**, ein sehr tiefer, grünblauer Quelltopf, mit unbekanntem Verlauf der Wasserhöhlen im Untergrund des Kalkgesteins. Hier verehrten die Kelten schon ihre Quellgötter, bevor die Römer kamen. Nüchternere Zeiten bauten überdachte Holzeinfassungen um das Wasser, auf denen Jahrhunderte hindurch die Frauen ihre Wäsche wuschen. Man steigt hinunter zum Ufer, die Häuser spiegeln sich, und Wasserpflanzen winken aus der Tiefe.

Heutiges Tonnerre

Weinberge gibt es vor den Toren von Tonnerre, der Pinot noir gedeiht gut in Epineuil und Molosmes. Ein welt-

Den prächtigen Bauplatz auf einem Felsen über Tonnerre besetzte schon im 10. Jh. eine Kapelle. Als diese 1556 abbrannte, wurde an gleicher Stelle die Kirche St-Pierre errichtet

berühmter Exportartikel aber ist das **Gestein** des Tonnerrois: vom 12. Jh. an diente es als Baustoff z. B. für die Abteien Fontenay [Nr. 40] und Pontigny [Nr. 34], für die Kirche von Vézelay [Nr. 26]. Im 19. Jh. wurde es verwendet zum Bau berühmter Pariser Gebäude, des Panthéons und der Grundmauern des Eiffelturms, in unserer Zeit für die neue Bastille-Oper und für Teile des Metropolitan-Museums in New York. So weltweit ist Tonnerre!

Praktische Hinweise

Information: Office de Tourisme, 10, rue de Collège, 89700 Tonnerre, Tel. 03.86.55.14.48

Hotels / Restaurants

****Abbaye St-Michel**, 1, rue St-Michel (auf der Höhe südlich der Stadt), Tel. 03.86.55.05.99, Fax 03.86.55.00.10, Luxushotel mit Spitzenrestaurant, modernisierte Klostergebäude im Grünen, reservieren!

****Ibis**, route de Dijon, Tel. 03.86.54.41.41, Fax 03.86.54.48.28. Modern, wenige Minuten außerhalb der Stadt (Restaurant außerhalb der Saison So abends und Mo geschl.).

36 Tanlay

Der Spott am Götterhimmel – ein extravagantes Deckengemälde des 16. Jh. in einem schönen Wasserschloß.

Ein **Schloß** wie im Märchen: Der Froschkönig könnte aus den breiten Wassergräben gehüpft oder die Kutsche mit dem gestiefelten Kater die lange Allee entlang gefahren sein, durch den Bogen des kleinen Vorschlosses. Breit, aber etwas uneinheitlich steht das Gebäude im Wasser, runde und eckige Türme, Kuppeldach darüber, Zeltdach über dem Hauptportal, Dachmansarden abwechselnd mit ovalen und rechteckigen Fenstern, Obelisken mit waagerechten Rillen an der Brücke, viele Kamine auf den Dächern – die Architektur ist alles andere als langweilig, aber keineswegs in reinem Stil, etwa der Renaissance, wie manche behaupten. Und dennoch: Man kann sich nicht sattsehen.

In Tanlay zu erkunden: ein verträumter Schloßpark, ein Schloß voller Familiengeschichten und alter Bilder sowie in den Stallungen ein modernes Kunstzentrum

Ins Schloß eingetreten, erfährt man, daß ein Coligny d'Andelot 1550 Bauherr war, daß rund hundert Jahre später ein adeliger Finanzberater des Königs als Schloßherr Geld genug hatte, den Bau zu vollenden. Man sieht **kostbares Mobiliar, Kamine, Wandbehänge**, meist aus dem 17. und 18. Jh.

Geheimnisvolles gibt es vom ›**Turm der Liga**‹ (Tour de la Ligue) zu berichten: Im 16. Jh. war der Generaloberst und Admiral von Frankreich, Gaspard de Coligny (1519–1572), der Bruder des Schloßherrn, der führende Kopf der protestantischen Liga. Es wird behauptet, die Führer der Protestanten hätten sich hier heimlich getroffen. Ein **Fresko** in einem achteckigen Raum unter dem Dach des Turms stellt die adeligen Vertreter der beiden Religions-Gegenparteien als *griechische Götter*, auch in göttlicher Nacktheit, dar. Aber der Betrachter kann erkennen, daß keine der beiden Seiten auf dem Wandbild verherrlicht wird. Allesamt wirken sie eingebildet und beschränkt, mit dem Ausdruck peinlicher Engstirnigkeit behaftet, die Königin ebenso wie ihre Gegenspieler. Der Auftraggeber des Gemäldes und sein Maler – er soll aus Fontainebleau gekommen sein – wollten wohl zeigen, daß Machtkampf häßlich und lächerlich macht. Tritt man aus dem **Ehrenhof** hinaus und wendet sich den ehemaligen **Stallungen** zu, kommt man zu **Ausstellungsräumen**, in denen *moderne Kunst* gezeigt wird – ein sehr anerkennenswertes Unternehmen, das überraschend gut hierher paßt (Schloßführungen Apr.–Mitte Nov. Mi–Mo 9.30, 10.30, 11.30, 14.15, 15, 15.15, 16.30, 17.15 Uhr, Tel. 03.86.75.70.61, M und Mme Legay; Zentrum für moderne Kunst Juni–Sept. 11–19 Uhr, Tel. 03.86.75.76.33 oder 03.86.42.93.38).

37 Ancy-le-Franc

Wo Könige einkehrten – eines der schönsten Renaissanceschlösser Burgunds.

Heinrich IV., Ludwig XIII. und Ludwig XIV. waren in diesem mächtigen **Schloß** zu Gast. 1546 ließ es Antoine de Clermont, ein Schwager der schönen Diane de Poitiers, erbauen, er beauftragte dafür den italienischen Architekten **Sebastiano Serlio**. Dieser hatte auch schon beim Bau von Fontainebleau mitgearbeitet. Das Schloß wirkt massiv, als könne es sich nicht ganz vom Festungskonzept lösen, es ist zudem von strenger **Symmetrie**: ein quadratischer dreigeschossiger Turm an jeder Ecke, vier gleich lange zweigeschossige Flügel um einen Innenhof.

Die **Inneneinrichtung** überrascht nach der Kühle der Außenansicht. Sie zeigt sich im Stil des Manierismus (Schule von Fontainebleau), reich dekoriert, mit sehr schönen *Kassettendecken* und *Holztäfelungen* in sparsamer Goldverzierung. In den Zimmern hängen *Gemälde*, häufig Porträts, aus dem 17.–19. Jh. Zu besichtigen ist der Raum, in dem sich **Mme de Sévigné** während ihrer Besuche gerne aufhielt, eine **Bibliothek** mit einer Ausstattung von 1800, ein **Musiksalon**, ferner kostbare *Grisaille-Wandmalereien* in der **Galerie des Sacrifices** (= Darstellungen antiker Opferprozessionen), ein italienischer **Schrank** aus dem 16. Jh. mit Intarsien, der klassizistische **Salon Louvois** aus der Zeit Ludwigs XVIII., ein **Speisezimmer** mit gedecktem Tisch sowie eine **Kapelle** mit theologisch interessanten *Gemälden*, die Motive des 16. Jh. aus Deutschland aufnehmen (aus der Apostelgeschichte). Es fragt sich, ob der ästhetische Höhepunkt in dieser Überfülle das **Blumenzimmer** (Anfang 17. Jh.) ist, in dem viele Blumen in rechteckigen Tafeln auf Goldgrund die Wände schmücken, oder doch die prunkvolle **Chambre des Arts**, in der auf ovalen Medaillons zwischen Ornamenten der Zeit Ludwigs XIII. in leuchtenden Farben Künste und Musen dargestellt sind.

Ganz betäubt von der adeligen Pracht vergangener Jahrhunderte wendet der Besucher sich am Ende noch der neueren Zeit zu, die in Gestalt von **Oldtimer-Automobilen** und auch von **Pferdekutschen** in den Wirtschaftsgebäuden besichtigt wird.

Das Schloß und seine Sammlungen sind in Privatbesitz. Frei zugänglich ist der Park mit schönem Baumbestand (Apr.–Anfang Nov. 9.30–12, 14–18.30 Uhr, Teile des Schlosses nur mit Führung).

Praktische Hinweise

Information: Syndicat d'Initiative Cantonal, 89160 Ancy-le-Franc, Mairie, Tel. 03.86.75.13.21

Hotel / Restaurant

****L'Hostellerie du Centre**, 34, Grande-rue, 89160 Ancy-le-Franc, Tel. 03.86.75.15.11, Fax 03.86.75.14.13. Hell und modern, mit engagiertem Inhaber-Küchenchef, am Schloßplatz.

38 Noyers-sur-Serein

Ein Städtchen in Weinlaub und Rosenstöcken sowie ein attraktives Museum für naive Kunst.

»Man muß das ganze Leben mit den Augen der Kinder betrachten, man muß sich diese Frische der Kinder im Umgang mit den Dingen bewahren, diese Naivität«, sagte Henri Matisse. Am **Musée d'Art Naïf** in Noyers-sur-Serein hätte er seine Freude gehabt. Seit der großen Schenkung der **Sammlung Jacques Yankel** 1987 ist das im vorigen Jahrhundert gegründete Museum der Stadt binnen weniger Jahre zu einem der interessantesten Museen im Département geworden. Man sieht die Werke von Meistern wie Camille Bombois und André Bauchant, es werden aber auch Ausstellungen von Arbeiten lebender Künstler veranstaltet, und nicht nur von ›Naiven‹ (rue de l'Eglise, Ende Juni–Ende Sept. tgl. 11–18.30 Uhr, sonst Sa/So 14.30–18.30 Uhr, Tel. 03.86.82.89.09).

Das Städtchen am kleinen Serein-Fluß gehört zu den über 100 ›Zones de protection du patrimoine architectural et urbain‹ (ZPPAU, ›Schutzzonen des architektonischen und urbanen Erbes‹, s. S. 53, St-Gengoux-le-National).

Unter der **Ruine seiner Burg** ist das **historische Zentrum** von Noyers fast unverfälscht erhalten, mit so schmalen **Stadttoren**, daß man sie mit Strohballen vor Kollisionen mit den Touristenbussen schützt. Aus Bruchstein gemauert, mit Ziegeln gedeckt, mit Weinlaub überwachsen und von Rosenstöcken umstellt, ist den alten **Häusern** viel von dem eigen, was man sich in Deutschland unter einer Spitzweg-Atmosphäre vorstellt.

In dem einen oder anderen dieser Häuser kann der Besucher sogar wohnen, es gibt Chambres d'hôtes und ein bescheidenes Hotel.

Musiker und bildende Künstler kommen im Sommer, zum **›Centre d'art contemporain‹** (Ende Juni–Aug. tgl. 11–19 Uhr). Am 15. August kostümiert sich alljährlich ein Häuflein Bürger à la Mittelalter und führt die Gäste über die kopfsteingepflasterten Gassen.

Praktischer Hinweis

Information: Mairie, 89310 Noyers-sur-Serein, Tel. 03.86.82.83.72

Côte d'Or (II): Kelten, Klöster, Kulinarisches

Das **Châtillonais** um **Châtillon-sur-Seine** und das **Auxois** um **Montbard** und **Semur-en-Auxois** bieten eine Fülle von Attraktionen zu Geschichte, Kunst und Landschaft. Das gallorömische **Alesia**, die Zisterzienser-Abtei von **Fontenay**, das Schloß mit der Schönheiten-Galerie des **Roger de Rabutin**, Graf von Bussy, die ›Große Schmiede‹ des Naturforschers **Buffon** [s. S. 106] dazu museale Schätze wie die grandiose **›Vase von Vix‹** [s. S. 110] – der Norden der Côte d'Or ist eine Aneinanderreihung von hochkarätigen Sehenswürdigkeiten. Als Standquartier für Rundfahrten liegt **Semur-en-Auxois** mit dem nahen Lac du Pont recht günstig.

39 Montbard

Auf den Spuren eines Genies: die Stadt und die Entdeckungen Buffons.

Montbard, eine Kleinstadt mit 21500 Einwohnern und mit durchaus malerischen Winkeln steht touristisch noch im Schatten berühmter Ziele der Umgebung, der Abtei von Fontenay [Nr. 40], des Château de Bussy-Rabutin [Nr. 42] und des gallorömischen Alesia [Nr. 43]. Neu ins öffentliche Licht gestellt wird deshalb jetzt Montbards großer Sohn, der bahnbrechende Naturforscher des 18. Jh., **Georges-Louis Leclerc, Comte de Buffon** (1707–1788). Ein aufwendiges Restaurierungsprogramm erschließt seine Lebens- und Wirkungsstätten und damit ein frühes Kapitel moderner Wissenschaft. Buffon war ein **Universalist**, seine Hauptarbeiten kreisten um Biologie, Botanik und Mineralogie sowie um die Entwicklungsgeschichte des Lebens und der Erde. Er legte auch Baumschulen an, engagierte sich für die Industrialisierung, baute ein Eisenwerk.

Buffon in Bronze steht nahe dem Ufer der Brenne. Schon jung in die Pariser Akademie der Wissenschaften berufen, Direktor des Botanischen Gartens in Paris (damals die ›königlichen Gärten‹), zugleich durch mütterliche Erbschaft in den Besitz der Burg von Montbard gekommen, teilte er sein Leben zwischen der Haupt- und der Provinzstadt.

Durch steile Gassen, durch die Rue du Paradis und über Treppen steigt man hinauf zu dem von ihm angelegten **Parc Buffon**. In der mittelalterlichen **Burg**, von der nur Turm und Mauerreste übrig sind, und in **Gartenpavillons** hatte Buffon seine Arbeitszimmer eingerichtet (jeweils ein anderes für jedes seiner großen Themen). Die **Tour de l' Aubespin** und die **Tour Saint-Louis** sind zu besichtigen (Apr.–Sept. Mi–Mo 10–12 und 14–18, Juli/Aug. bis 19 Uhr, Okt., Nov., Febr. So–Do 10–12, 14–17 Uhr).

Den besten Einblick in das hochproduktive Leben Buffons gibt am Fuß des Burgbergs das **Musée des anciennes écuries de Buffon**. In den ehem. herrschaftlichen Stallgebäuden sind seine Karriere, sein Zusammenstoß mit der Theologie, seine Entdeckungen dokumentiert. Allein die von ihm verfaßte *›Naturgeschichte‹* umfaßt 44 Bände (Apr.–Okt. Mi–Mo 10–12 und 14–18 Uhr).

Einer der berühmtesten Burgunder: der Naturwissenschaftler Comte de Buffon

Fünf Minuten zu Fuß entfernt: das **Musée des Beaux Arts** in einer umgebauten Kirche. Unter den Werken lokaler Künstler leuchtet ein Cézanne-Porträt von *Pissarro* auf (Mai–Aug. Mi–Mo 10–12 und 15–18 Uhr, Apr., Sept., Okt. Mi–Mo 15–18 Uhr).

Ausflüge

La Grande Forge (6 km nordwestl.)

Wieder Buffon! Diesmal ist es sein großes **Eisenwerk** von 1768, zu dem uns der Weg führt, damals eine Art Musterschmiede, die er zehn Jahre lang persönlich leitete. Das Industriedenkmal liegt idyllisch am Canal de Bourgogne, der damals Teil eines staatlichen Entwicklungsprogramms war. Bis zum Ersten Weltkrieg noch als Zementfabrik genutzt, ist die Forge de Buffon heute ein **Technikmuseum** hohen Ranges. Hier setzte der berühmte Naturforscher seine Erkenntnisse in die Praxis um. Schmelzofen, Klopfwerk und anderes ist zu sehen, auch eine interessante Ausstellung über Buffon und die Epoche der Aufklärung (Juni und Sept. Mi–Mo 14.30–18 Uhr, Juli/Aug. tgl. 14.30–18, Mi, Do, Fr auch 10–12 Uhr).

Praktische Hinweise

Information: Office de Tourisme, rue Carnot, 21500 Montbard, Tel. 03.80.92.03.75, Fax 03.80.89.11.99

Hotels/Restaurants

/****Château de Malaisy**, Fainles-Montbard, Tel. 03.80.89.46.54, Fax 03.80.92.30.16. Ruhiges Schloßhotel mit Pool im Park (6 km südöstlich).

/***Hôtel de l'Ecu**, 7, rue A.-Carré, Tel. 03.80.92.11.66, Fax 03.80.92.14.13. Das Restaurant bietet regionale Spezialitäten (Sa mittags und Fr. geschl.).

TOP TIP 40 Abbaye de Fontenay

Die berühmte Abtei vermittelt einen guten Eindruck vom Klosterleben im 12. Jh.: Gottesnähe durch Kargheit.

Das einsame Tal, in dem das Kloster liegt, strahlt innere Stille aus, selbst dann noch, wenn viele Menschen herbeiströmen, um dieses Zeugnis gottsuchender Disziplin zu sehen. Klarheit und Einfachheit waren die Architekturprinzipien der

Zisterzienser, und die äußere Schale ihres Klosters ist zum Glück wohlerhalten geblieben und 1981 von der UNESCO zum Weltkulturerbe erklärt worden. Anders als in Cîteaux lebt hier keine Mönchsgemeinschaft mehr, menschenleer sind die Gärten, Gebäude und Werkstätten, wenn die Touristen wegfahren. Zwischen den Steinen scheint die Zeit stehengeblieben.

Geschichte 1118 gründete **Bernhard von Clairvaux** das Kloster, 1147 weihte der aus dem Kloster Cîteaux stammende Papst Eugen III. die Kirche. Die wichtigen Bauten waren schon Ende des 12. Jh. fertiggestellt, die Abtei war mit ihren zahlreichen **Werkstätten** und **Wirtschaftsgebäuden** eine ganz in sich abgeschlossene Welt. Fontenay liegt, wie es der Zisterzienserregel entsprach, in einem abgelegenen Tal, versorgte sich selbst. Durch unermüdliche Arbeit zu Ehren Gottes wurde die Gemeinschaft wohlhabend. Das Zeitalter der individu-

Die Abtei von Fontenay, schon 1118 gegründet, wurde Ende des 18. Jh. leergeräumt, aber nicht zerstört. Anschaulich wie kaum anderswo sind hier Zisterzienser-Baukunst und -Lebensstil nachzuempfinden

ellen Freiheit brachte Jahrhunderte später die Revolution, die Klöster aufhob und deren Gut zerstreute. Fontenay stand leer, wurde verkauft, zur Papierfabrik umgestaltet, aber glücklicherweise nicht abgerissen wie Cluny. Von 1906 an begannen neue Besitzer, die mittelalterliche Form der Klosteranlage wiederherzustellen.

Besichtigung Nicht alle historischen Gebäude, aber die meisten sind erhalten. Durch die **Pförtnerei**, an **Fremdenkapelle** und **Bäckerei** vorbei, in der der uralte *Kamin* des Backofens erhalten ist, geht der Weg vor der **Wohnung der Laienäbte** entlang, die aus dem 18. Jh. stammt. Laienäbte, die der König ernannte und die nicht ständig im Kloster lebten, waren eine Dekadenzerscheinung, die der alten Regel widersprach.

Im Weitergehen sieht man den **Hundezwinger** für die Jagdhunde der Herzöge, die hier zu Gast waren, und den **Taubenschlag**. Aber die volle Aufmerksamkeit wird von der **Westfassade der Kirche** in Anspruch genommen. Deren Gestaltung ist schlicht: In der oberen Hälfte unter dem Giebel befinden sich vier, darüber drei rundbogige Fenster, unten ist ein einfaches Portal. Das **Kirchenschiff** überragt die anderen Gebäude kaum, es ist breit und wuchtig. Beim Eintreten bemerkt man, daß wenig Licht von den Seiten kommt, der Blick wird auf den **Chor** gelenkt, der hinter dem leicht gespitzten Gewölbe des Mittelschiffs rechteckig und mit fünf Fenstern abschließt. Der **Kirchenboden** ist mit Split-Kies statt mit Steinplatten bedeckt, die **Ausstattung** zeigt sich karg.

Im Chor wurden die **Bodenfliesen** erst in unserer Zeit verlegt, sie sind Fundstücke aus der Abtei. Unter den **Grab-**

Choräle aus Stein

Feierlich, geheimnisvoll, kräftig, erhebend, wuchtig, klar, harmonisch – wie auf uralte geistliche Gesänge treffen all diese Eigenschaften auch auf **romanische Kirchenbauten** *zu, die in Burgund in so großer Zahl und oft in ganz unbekannten Dörfern zu finden sind. Allein im Département Saône-et-Loire sind es über 250! Und jede Kirche hat ihren eigenen Charakter. Durch Burgund führten im Mittelalter Pilgerwege, besonders der nach Santiago de Compostela, und auf diesen verbreitete sich auch architektonisches Wissen.*

Im 11. Jh. strahlten Wille und geistige Kraft zum Kirchenbau vom mächtigen **Cluny** *[Nr. 12] aus, dessen Architekten Frühromanisches (wie in der Krypta St-Bénigne in Dijon, s. S. 22) weiterentwickelten, der einfachen benediktinischen Basilika mit Haupt- und zwei Seitenschiffen ein großzügiges* **Querhaus** *anfügten, den Chor und die Kirchenschiffe durch* **Apsiden** *abschlossen und schließlich für Prozessionen den* **Chorumgang** *mit angrenzenden Radialkapellen errichteten.*

Für große Wallfahrergruppen brauchte man mancherorts geräumige **Vorhallen** *(Narthex). Der offene Dachstuhl, der sich schwer auf die Hauptschiffsmauern stützt, wurde zugunsten einer* **Einwölbung** *aufgegeben – nun konnten die Öffnungen des ›Lichtgadens‹ vergrößert werden, die Kirchen wurden höher und heller.*

Aber mit den Gewölben mußte man experimentieren, nicht sofort erreichte man die nötige Stabilität! Die Geschichte berichtet von **Baukatastrophen**, *auch in Cluny. Und heute, nach Jahrhunderten, kann man oft sehen, wie die Pfeiler unter dem Druck der Gewölbe in der Höhe auseinandergewichen sind. In Tournus [Nr. 10] experimentierte man mit* **Quertonnen** *statt des langen Tonnengewölbes. Schließlich fand man die Lösung der tragfähigeren* **Spitztonne** *(Paray-le-Monial [Nr. 18]), die nicht dem gotischen Stil zugehört, ihn aber vorbereitet.*

Kreuzgratgewölbe *über Seitenschiffen waren eine andere Antwort auf Statikprobleme. Eine Besonderheit der burgundischen Romanik ist die Gliederung der Wände durch das sogenannte* **Triforium**, *eine Galerie hinter Rundbögen zwischen Arkade und Lichtgaden, die manchmal nur vorgeblendet, oft aber begehbar ist. Durch sie erscheinen die Mauern leichter und eleganter.*

Kapitell, Chor und Apsis, Triforium – zahllos variierte Elemente der romanischen Baukunst

Die Bildhauerkunst hat herrliche **Portal**- *und* **Kapitellplastik** *geschaffen, einen selbst nach den Bilderstürmen von Reformation und Revolution immer noch einzigartigen Bestand. Wenig erhalten sind* **Wandgemälde**, *doch Berzé-la-Ville [s. S. 50] und die Krypta von St-Germain in Auxerre [s. S. 88] stellen eindrucksvolle Beispiele dar.*

Die asketischen **Zisterzienser** *strebten im 12. Jh. nach Schlichtheit, vermieden figürliche Plastik und fanden zu rechteckigen Chorabschlüssen (Fontenay [Nr. 40]). Sie verzichteten auch auf die schön gegliederten, oft achteckigen Kirchtürme – ein einfacher* **Dachreiter** *mußte genügen. Die* **Basilika-Ste-Madeleine** *in Vézelay [Nr. 36], deren Chor erst im 13. Jh. vollendet wurde, stellt den Höhepunkt in der romanischen Kunst dar, in Höhe und Helligkeit ist dieses Gotteshaus zugleich schon auf dem Weg zur Gotik.*

platten ist die des englischen Bischofs **Ebrard von Norwich** eine der schönsten. Ebrard suchte im 12. Jh. in Fontenay Zuflucht, wurde Abt und finanzierte aus seinem großen Vermögen den Bau der Kirche.

Im linken Querschiffarm steht eine **Madonna** des 13. Jh. mit einem liebevollen Lächeln. Im selben Querschiffarm ist die kleine **Totenpforte** zu sehen, die auf den Friedhof hinaus führte. Das Leben der Mönche war so hart, daß sie im Durchschnitt nicht älter als 35 Jahre wurden. Im Querschiffarm gegenüber steigt die Treppe zum **Schlafsaal der Mönche** auf. Die großen, heute verglasten **Fenster** dort stammen nicht aus dem Mittelalter. Bitterkalt muß es gewesen sein, wenn der Winterwind durch die schmalen Fensteröffnungen und Ritzen zog. Die Mönche lagen, in ihre wollenen Kutten gehüllt, auf dem Boden auf Stroh. Ihre Nachtruhe war kurz, schon um 1 Uhr rief die Glocke in die Kirche zum Gebet. Das kunstvolle eichene **Deckengebälk** des 56 m langen Saales stammt erst aus dem 15. Jh.

Durch eine Pforte neben der Schlafsaaltreppe tritt man in den **Kreuzgang**. Während in der Kirche an den Pfeilern kein Schmuck angebracht ist, sind hier einige *Blattkapitelle* über den kurzen Doppelsäulen zu sehen.

Vom Kreuzgang gibt es einen Zugang zum **Kapitelsaal**, dem Versammlungsraum der Mönche, mit Sakristei und einem Raum für ausnahmsweise erlaubte Gespräche (Schweigen war meist Vorschrift). Zweischiffig wie der Kapitelsaal ist der **Mönchssaal**, der auch für das Scriptorium gehalten wird. Die danebenliegende **Wärmestube**, außer der Küche der einzige beheizte Raum der Abtei, sollte die Temperatur auch im Mönchssaal erträglich halten. Aufwärmen durften sich die Mönche bei den großen Kaminen der Wärmestube jedoch nur einmal am Tag.

Neben dem heutigen **Gartenparterre**, einer Schöpfung des 18. Jh., liegen die Räume der **Krankenstation**, die nach der Regel immer abseits eingerichtet wurde. Seitlich über den Hof kommt man dann zu den Bauten der **Schmiede**, einem sehr frühen Zeugnis der Technikgeschichte. Die Zisterzienser nutzten bereits die Wasserkraft für die *Eisenverarbeitung* und verhütteten hier auch *Erz*. 1990 wurde ein *Schmiedeofen* mit großem Blasebalg rekonstruiert.

Nachdem der Weg an einer neueren Fontäne vorbeigeführt hat, liegt nahe der Pforte das **Gästehaus** vor dem Besucher. Hier beherbergte man Pilger. Im Mittelalter machte man es ihnen nicht komfortabler als den Mönchen. Denn der Glaube, durch Verzicht auf Irdisches Gott zu gefallen, bestimmte überall das Leben der Zisterzienser.

Der Tourist unserer Zeit will diesen Verzicht nicht übertreiben. Er nimmt vielfach die Gelegenheit wahr, beim Verlassen des Klosters im kleinen **Laden** der Pförtnerei Buch, Bild und anderes in die Welt mitzunehmen. Der Wald von Fontenay lockt, Spaziergänge führen nördlich an den jahrhundertealten **Fischteichen** vorbei nach **Touillon** und **Le Petit Jailly** (2–3 Stunden, etwa 10 km hin und zurück).

Praktischer Hinweis

Information: Sekretariat der Abtei Fontenay, 21500 Montbard,
Tel. 03.80.92.15.00, Fax 03.80.92.16.88.
Die Abbaye de Fontenay ist das ganze Jahr tgl. 9–12 und 14–18 Uhr geöffnet.
Die Führung dauert etwa 50 Min.

41 Châtillon-sur-Seine

Das Grab einer keltischen Fürstin und eine uralte Kirche erzählen.

Das kleine Städtchen – von einem Hügel mit der **Kirche St-Vorles** und den Ruinen einer herzoglichen Burg überragt – wird von mehreren Wasserläufen der jungen Seine durchzogen. Ein anderer Fluß entspringt hier sogar: Am Fuß des Kirchbergs findet man die malerisch umgrünte **Quelle der Douix** – an deren wasserreichem Quellbecken vor allem Kinder ihren Spaß haben.

St-Vorles ist eine der seltenen gut erhaltenen frühromanischen Kirchen (1991 hatte sie ihre Jahrtausendfeier); in ihrem wuchtigen Stil mischen sich Südburgundisches und Karolingisches. Die Unterkapelle ist Teil eines noch älteren Oratoriums. Der **hl. Bernhard**, der 1098–1108 in Châtillon-sur-Seine studierte, hatte hier eine seiner *Marien-Visionen*. **St-Vorles** aber war ein lokaler wundertätiger Heiliger des 6. Jh., dessen *Reliquien* seit 868 hier ruhen. Erst aus dem 16. Jh. stammt die lebensgroße steinerne Gruppe der Grablegung Christi, die in bewegter Trauer dargestellt ist.

Eine **archäologische Sensation** ist im **Musée Archéologique** in einem Renaissancegebäude in der Rue Philandrier zu bestaunen: die riesige **›Vase von Vix‹**. Ihretwegen allein fahren viele Besucher nach Châtillon. Gefunden wurde sie im Grab einer keltischen Fürstin, die auf einem vierrädrigen Wagen bestattet worden war. 1953 erst entdeckte man diese Grabstätte nördlich der Stadt beim Dorf Vix – mit Schätzen aus dem 6. Jh. v. Chr., Halsreifen in feinster Goldarbeit, den Resten des Zeremonialwagens und eben dem enormen 1,64 m hohen, 1100 Liter fassenden Bronzegefäß (Krater, Mischkrug), das 208 kg wiegt.

TOP TIP

Die ›Vase von Vix‹ ist in ihrer schönen, üppigen Form das **größte bisher bekannte Metallgefäß der Antike**. Sie ist so perfekt mit einem Fries bewaffneter Krieger und Streitwagen sowie mit zwei Köpfen zungezeigender weiblicher Ungeheuer dekoriert, daß man nur ungläubig staunen kann. Die Herkunft der Vase vermutet man in Großgriechenland, in Tarent oder Cumae. Die Fürstin – und/oder Priesterin? – muß mit den Zentren der mittelmeerischen Hochkultur verbunden gewesen sein. Vermutlich wurde über ihr Gebiet britisches Zinn zur Bronzeherstellung nach Süden befördert (Apr.–Sept. tgl. 9–12 und 14–18 Uhr, Nov.–März Mi–Mo 10–12 und 14–17 Uhr, Tel. 03.80.91.24.67).

Ausflüge

Mont Lassois und Vix (6 km nördl.)

Der **Berg Lassois** ist nur bescheidene 307 m hoch, doch er bietet weite Aussichten auf das waldreiche Châtillonnais. An seinem Fuß, auf das **Dorf Vix** zu, fand man das *Gräberfeld* der Hallstattzeit mit der berühmten ›Vase von Vix‹ (s. links). Ihr Entdecker, der Archäologe **Maurice Moisson**, ist auf dem Friedhof der Kirche St-Marcel am Mont Lassois bestattet (Grab rechts vom Friedhofseingang). Die schlichte **Kirche** wurde um 1100 von Zisterziensern errichtet. Im Innern stellt ein Gemälde des 16. Jh. eine Marienvision des hl. Bernhard dar (Mai–Sept. So 15–18.30 Uhr). In 45 Min. kommt man zum ›Gipfel‹ des Lassois.

Abbaye du Val des Choues
(24 km südöstlich)

Mitten im **Forêt de Châtillon**, der zum Wandern einlädt, liegt eine 1193 gegründete **Abtei**. Ihre Gebäude (viele aus späterer Zeit, jetzt von einer privaten Vereinigung renoviert) beherbergen einen **Erlebnispark** mit Jagdmuseum, Echo-Galerie, Ausstellungen von Mineralien der Region und moderner Kunst sowie Historisches aus der Klosterzeit. **Für Kinder**: Spielplatz, Fasanerie, Ponys und Ziegen. Auch die barocke **Garten-**

Vermutlich wurde dieses monumentale Metallgefäß in einer süditalienischen Werkstatt geschaffen. Gefunden hat man die ›Vase von Vix‹ jedoch bei Châtillon-sur-Seine

Roger de Rabutin – Besitzer und Ausstatter von Schloß Bussy-Rabutin – war einer der originellsten Männer in der Ära Ludwigs XIV.

anlage im lichten Talgrund ist sorgfältig restauriert, und einige ** **Chambres d'hôtes** werden angeboten (21290 Essarois, März–Okt. Mi–Mo 10–18 Uhr, Tel. 03.80.81.01.09).

Praktische Hinweise

Information: Office de Tourisme, 1, pl. Marmont, 21400 Châtillon-sur-Seine, Tel. 03.80.91.13.19

Hotels/Restaurant

/* **Côte d'Or**, 2, rue Charles-Ronot, Tel. 03.80.91.13.29, Fax 03.80.91.29.15. Kleines gemütliches Hotel mit Garten, in dem im Sommer auch die Mahlzeiten serviert werden. Küche und Weinkarte verführen!

****Sylvia**, 9, av. de la Gare, Tel. 03.80.91.02.44, Fax 03.80.91.47.77. Alte Villa mit Garten, kein Restaurant.

42 Château de Bussy-Rabutin

Ein Juwel von Schloß mit einer etwas kuriosen, vom Schloßherrn selbst entworfenen Innenausstattung aus dem 17. Jh.

Durch bäuerliche Täler führt eine schmale Straße nach Bussy-Rabutin. Der Eingang zum **Schloß** scheint von einem starken Baumstamm fast zugewachsen sein – ein Ort der Abgeschiedenheit, des Rückzugs oder der Verbannung? Für einen Mann von Adel im Rang eines Generals war zur Zeit des Sonnenkönigs Ludwig XIV. das wahre Leben nur in Versailles möglich. Durch beißenden Spott und obendrein einen kompromittierenden Schlüsselroman ›Histoire amoureuse des Gaules‹ hatte sich **Roger de Rabutin, Graf von Bussy** (1618–1693) aber die Gunst des 20 Jahre jüngeren Königs verscherzt. Er war zunächst in die Bastille gesteckt und dann auf sein Schloß verbannt worden.

Bei den Jesuiten erzogen, aus zahllosen Schlachten und etlichen Liaisons immer wieder davongekommen, litt der Edelmann und Freigeist schwer unter dem erzwungenen Ruhestand. Er setzte seinen Kummer aber auch kreativ um. Die einstige Wasserburg, jetzt ein kleines **Renaissanceschloß,** verwandelte sich nach seinen Entwürfen im Innern zu einer Galerie voller hintersinniger Allegorien und Porträts schöner Frauen. Die illustrierten Sprüche im **Cabinet des devises** sind *Rätselbilder*, die stets um Liebe und Abneigung kreisen. So schmähte er seine Freundin, die ihn verlassen hatte: »Sie ist leichter als Luft«, das dazugehörige Bild läßt ihr Porträt auf einer Waage ohne Ge-

Im Château de Bussy-Rabutin begegnet man an den Wänden auch Rätselbildern, die des Schloßherrn Einsichten über Liebe und Eifersucht darstellen

gengewicht hochsteigen. Auch seine Cousine, Mme de Sévigné, entging nicht seinem Tadel. Draußen, im André Le Nôtre zugeschriebenen **Park**, zwischen Hecken und Rasen, begleitet einen der Geist des Schloßherrn, dem die Rückkehr ins Pariser Leben versagt blieb.

Praktische Hinweise

Führungen: Apr.–Sept. 10, 11, 14, 15, 16, 17, 18 Uhr, winters letzte Führung 15 Uhr, Tel. 03.80.96.00.03.

Restaurant

Auberge du Château, Bussy-le-Grand, 21150 Venarey-les-Laumes, Tel. 03.80.96.17.69. Landgasthaus gegenüber dem Schloß.

43 Alise-Ste-Reine

Wo Vercingetorix die Waffen streckte.

Vor 25 Prozent Gefälle warnt ein Schild. Das ist viel, aber an diesem Ort am **Mont Auxois** paßt das Schild darüber hinaus ins Puzzle der Weltgeschichte: Es erklärt lakonisch, warum Cäsar den Berg nicht stürmen, sondern Belagerungsgräben ausheben ließ.

Geschichte In jenem Jahr 52 v. Chr. schien es den Galliern eine gute Wahl, sich zur Verteidigung auf dem 408 m hohen Mont Auxois mit seinen abweisenden Hängen zurückzuziehen. Der überlegenen Belagerungsstrategie des Römers **Cäsar** waren sie jedoch nicht gewachsen. Der Mont Auxois mit dem **Oppidum Alesia** wurde zur letzten Bastion, der gallische Anführer **Vercingetorix** nach der Kapitulation nach Rom transportiert und sechs Jahre später getötet.

Die Antwort auf die Frage: »Wo ist Alesia?« forderte zwei Jahrtausende später Kaiser Napoleon III., ein Bewunderer Cäsars, von den Archäologen ein. Sicherlich auch in der Absicht, französischem Nationalgefühl ein neues Symbol zu geben. In einer **Grabungskampagne 1861–65** gelang es tatsächlich, Spuren von Befestigungen und heftigem Kampf zu finden, dazu andere passende Entsprechungen zu Cäsars Kriegsbericht. Heute gilt als sicher: Alesia lag auf dem Mont Auxois.

Die Spatenforschung erbrachte mehr: Offenbar hatten es die Gallier verstanden, sich nach der Niederlage mit den Römern kulturell zu arrangieren. Zeugnis davon legen die eindrucksvollen Ausgrabungen der gallorömischen Siedlung Alesia aus den nachchristlichen Jahrhunderten ab. Erst gegen das Jahr 1000 wurde diese Stadt aufgegeben und der heutige Ort aufgebaut.

Besichtigung Mit Führungsfaltblättern (auch auf deutsch erhältlich) kann man sich im Gelände leicht orientieren. Der Weg in die **Ausgrabungen** führt zwischen dem gut erkennbaren Halbrund des

Theaters und der römischen **Hauptstraße** hindurch, die mit senkrecht stehenden Steinplatten fundamentiert war. In der Richtung auf einen künstlichen Hügel mit **Aussichtsplattform** geht der Weg am **Tempelgelände** der Stadt vorbei. Dort verehrten die Bewohner den gallischen Gott Taran, der wohl mit dem römischen Jupiter gleichgesetzt wurde. Das Viertel weltlicher Repräsentation und Aktivitäten schließt sich an, mit **Basilika** (eine Halle, die Gerichtssitzungen, der Verwaltung und dem Handel diente), den Grundmauern von **Forum**, **Markt** und **Ladenreihen**.

An den Abhang gerückt sind Mauern eines mehrräumigen Gebäudes zu erkennen, das als ›**Monument des Ucuetis**‹ bezeichnet wird – vermutlich ein Heiligtum und Versammlungshaus der **Metallhandwerker**. Denn Alesia war eine Stadt der Metallverarbeitung, im Viertel der Handwerker fanden sich Einrichtungen zum Bronzeguß, Eisenschmelzöfen, Werkstatthöfe, benachbart beheizbare Wohnhäuser, Vorratskeller und Latrinen.

Schließlich kommt man an den Grundmauern einer **Kirche** aus dem 6./7. Jh. vorbei. An dieser Stelle befand sich schon im 4. Jh. ein Heiligtum der **Ste-Reine** (hl. Regina), die in Alesia in spätromanischer Zeit den Märtyrertod starb. Es handelt sich also auch um eine der ältesten Stätten des Christentums in Frankreich (Juli/Aug. tgl. 9–19 Uhr, Ende März–Juni, Sept.–Anf. Nov. tgl. 10–18 Uhr)

Vercingetorix

Nördlich des Orts steht auf einem Hügel das 7 m hohe **Denkmal des Vercingetorix**, der mit finsterer Melancholie gallische Kraft symbolisiert (1865 aufgestellt). Eine Orientierungstafel zeigt die römischen Feldlager und den Doppelring der Wälle und Gräben. Die archäologische Arbeit geht noch weiter.

Im **Musée Alésia** drunten im kleinen Ort Alise-Ste-Reine ist das alles noch genauer nachzuprüfen, an interessanten **Funden** aus dem Grabungsgelände, Statuen von Muttergöttinnen, Waffen, Keramik und Zeichnungen von Geländeschnitten, die anschaulich die Erforschung der Belagerungsringe darstellen (rue de l'Hôpital, selbe Öffnungszeiten wie Grabungsgelände, gemeinsame Eintrittskarte, Tel. 03.80.96.10.95).

Ausflüge

Flavigny-sur-Ozerain (5 km südöstl.)

Über dem Flüßchen Ozerain ragen hohe Mauern auf – dies ist ein **Burgstädtchen** aus einer anderen Zeit. Man läßt das Auto unter den Bäumen vor den Mauern und Türmen, drinnen ist es eng und ruhig, aber nicht unbelebt. Die Häuser aus dem 13.–15. Jh. sind auch nicht spielzeughaft aufgeputzt. Nur 400 Menschen wohnen hier, im Mittelalter war die Bedeutung des Ortes dennoch groß (nach 866 fand in Flavigny die **Wallfahrt** zu den Reliquien der hl. Regina statt).

Die **Abteikirche St-Pierre** ist wegen ihrer vorromanischen **Krypta** bemerkenswert, die auf karolingische Zeit zurückgeht und erst 1956 von einem amerikanischen Kunststudenten wiederentdeckt wurde. Sie wird für die Besucher gut beleuchtet, so daß die Pfeilerornamente zu starker Wirkung kommen können.

Aus den Gewölben wieder ans Licht zurück, umfängt einen eine intensive Duftwolke: In der ehem. Abtei befindet sich die traditionelle Fabrikation der ›**Anis de Flavigny**‹, zarter Bonbons, die es außer mit Anis auch in anderen Geschmacksrichtungen gibt, und die in ovalen Dosen mit wunderbar altmodischem Schäferpaar-, Rosen- oder Veilchendekor verkauft werden.

Melancholischer Nationalheld: Vercingetorix

Verkauf der Bonbons in der **Fabrik**, die Mo–Fr 8.30–10.30 Uhr auch besichtigt werden kann, und im Accueil des visiteurs in der **Maison au Donataire** (Wegweiser; Tel. 03.80.96.25.34).

Die Quellen der Seine (30 km östl.)

Die ›**Sources de la Seine**‹ liegen in einem frei zugänglichen, feuchten Tal, entfernt von Ansiedlungen. Man kommt zu ihnen von Alise-Ste-Reine aus über kleine Straßen, überquert die Flüßchen Ozerain, Oze und Lavau – eine erholsame Landpartie – oder über eine Abzweigung der N 71 südlich von Chanceaux. Wer das archäologische Museum in Dijon [Nr. 1] besucht hat, erinnert sich an die rätselhaft-dunklen **Holzfiguren** aus dem Sumpf bei den Seinequellen, die zu keltischen Zeiten als Weihegaben dargebracht wurden. Den Kelten galten Quellen als heilbringend und daher heilig. **Napoleon III.** hat im 19. Jh. die Seine-Quellen zum Besitz der Stadt Paris gemacht, man schmückte die Grotte mit einer **Marmornymphe**. Hinter den bizarren grünen Zacken eines Eisengitters liegt sie nun zwischen Moos und Wassertropfen, mehr Salondame als Flußgöttin Sequana.

Das stille Tal ist mit Picknicktischen ausgestattet, eine Tafel gibt Auskunft über archäologische Aktivitäten und Ergebnisse: ein römischer Heilbetrieb aus dem 2.–3. Jh. wurde nachgewiesen, eine Tempelanlage und Bäder auf terrassiertem Gelände bis zum Talgrund. Von all diesem ist wenig zu sehen, ein rostiger Drahtzaun versperrt die Ausgrabungen.

Auf den Spuren von Madame de Sévigné

Briefeschreiben begründete ihren literarischen Ruhm und verschaffte ihr Eingang in sämtliche Lexika. Fast alle 1500 erhaltenen Briefe sind an ihre in der Provence lebende Tochter Françoise gerichtet. Sie berichtet darin von Familie und Fremden, vom Leben in den Pariser Salons, über Theater und literarische Neuerscheinungen – alles mit einer wunderbaren Leichtigkeit des Stils, die sie von ihrem Lieblingsautor Voltaire gelernt hatte, aber auch mit lakonischem Spott. In Burgund kann man ihren Lebensspuren folgen. Die Marquise **Marie de Sévigné**, *geb. Rabutin-Chantel (1626–1696), war in Paris geboren und lebte im Umkreis des Hofes, kehrte aber immer wieder an die Orte ihrer frühen Jahre in Burgund, auf die Schlösser ihrer Vorfahren, zurück. »In diesem Haus ist viel Freiheit, ich lese, ich arbeite, ich gehe spazieren«, schrieb sie aus Epoisses [Nr. 45]. Von Semur-en-Auxois [Nr. 44] aus werden von April bis November* **Rundfahrten** *mit Führungen nach Bourbilly [s. S. 119], Epoisses und Bussy-Rabutin angeboten. Die Gesellschaft ›L'Auxois de Mme de Sévigné‹ empfiehlt diese Touren als eine ›délicieuse promenade‹ durch die grünen Hügel des historischen und gastronomischen Auxois (beim Office de Tourisme in Semur nachfragen).*

Praktischer Hinweis

Wegen des geringen Angebots an Hotels um Alise-Ste-Reine empfehlen sich **Semur-en-Auxois** [Nr. 44] oder auch **Montbard** [Nr. 39] als Quartier.

44 Semur-en-Auxois

Romantisch, lebendig, bilderbuchschön: das Herz des Auxois.

Ein Fluß mit dem wohlklingenden Namen Armançon umschließt in enger Schleife einen hohen rötlichen Felssporn. Auf der ovalen Klippe und ihrer schmalen Landverbindung ragt Semur-en-Auxois mit steilen Dächern empor, von einer großen Kirche dreitürmig beherrscht, von Mauern und Befestigungstürmen umklammert.

Die ›bourg‹, die alte Stadtsiedlung vor dem befestigten Felsen, ist mit ihren vielen kleinen Läden und Handwerksbetrieben recht geschäftig. Die Straßen sind verkehrsarm oder autofrei und laden zum Einkaufen und Spazierengehen ein.

Besichtigung Von den Arkaden des **Office de Tourisme** an der Place Gaveau kommt man durch die mächtige **Porte Sauvigny** von 1417 und über die Rue Buffon zur Place Notre-Dame und steht schon vor der Hauptsehenswürdigkeit der Stadt.

Die seit 1225 erbaute **Kirche Notre-Dame** nämlich ist ein Hauptwerk bur-

Semur-en-Auxois: Brückenbögen über dem Flüßchen Armançon, die Stadt darüber auf einer Felsklippe, steile Dächer, steile Straßen und freundliche Wirte

gundischer Gotik und reich an Kunstschätzen (Führungsblätter sind im Office de Tourisme auch auf deutsch erhältlich). Schon die **Vorhalle** des Hauptportals beeindruckt durch ihre Festlichkeit im Stil der *Flamboyantgotik*. Aber das wichtigste Außenkunstwerk ist das *Tympanon* der **Porte des Bleds** (= zu den Kornfeldern, 1230–50) am nördlichen Querhaus. Es erzählt die Geschichte des **hl. Thomas**, des Apostels, den die Legenda Aurea nach Indien ziehen läßt, wo er bekehrt, berät und schließlich seinen königlichen Auftraggeber auf heiligmäßige Weise düpiert: Die anvertrauten Gelder hat er unter den Armen verteilt. Realistisch wie von heute ist die Darstellung der weit hintüber gebeugten Tänzerin am Hof des Königs Gondolfus!

Im **Kircheninneren** lenken die aufstrebenden gotischen **Gewölbe** in ihrer scheinbaren Schwerelosigkeit die Blikke nach oben. Figürlich geschmückte **Schlußsteine** und **Kapitelle** haben die ursprünglichen bunten Farben bewahrt. Festlich leuchtet von hohen Fenstern die **Glasmalerei** aus dem 14. und 15. Jh. (Kapelle Notre Dame und Kapelle der Tuchmacher). In einer **Seitenkapelle** links vom Eingang befindet sich eine große *Grablegungs-Gruppe* aus dem 15. Jh., ein herrliches Werk der burgundischen Schule. Benachbart: eine **Gedächtniskapelle** für die amerikanischen Toten des Ersten Weltkriegs.

Nach den Zerstörungen der Revolution war Notre-Dame im 19. Jh. durch den verdienstvollen Viollet-le-Duc gerettet worden.

Der Stadtgang führt von der Kirche aus leicht bergab über die Rue vieux Marché oder die Rue Fevret zur Rue du Rempart, vorbei an drei der insgesamt vier starken **Rundtürme**: Tour de l'Orle d'Or, Tour de la Géhenne (= der Folter) und Tour Margot. Die **Tour Margot** dient als Kulissenspeicher für das zierliche **Theater** von 1848, das mit 300 Plätzen Frankreichs kleinste Opernbühne ist. Immer wieder öffnen sich Blicke ins Tal des Armançon, auf die Stadtmauern und die alte Steinbrücke.

Wunderschön sind die Linden an der **Promenade des Remparts** – ein Ruhe-

Zu entdecken am Nordportal von Notre-Dame in Semur-en-Auxois: Gastmahl für den hl. Thomas am Hof eines indischen Königs, mit einer akrobatischen Tänzerin

platz für Stunden. Das **Ancien Hôpital**, an dem man vorbeikommt, war Residenz der Gouverneure von Semur und des Grand Bailli (= Administrator) des Auxois.

Andere Wege führen zum Armançon-Tal und zu seinen Gartenterrassen hinab. Das Office de Tourisme hat **fünf Rundgänge** vorzuschlagen, von anderthalb bis zu dreieinhalb Stunden. Das **Musée Municipal** im ehem. Jakobiner-Konvent zeigt *Gemälde* u. a. von Corot, aber auch *Archäologie* und *Geologie*.

Östlich der Stadt kann man im waldgesäumten Stausee **Lac du Pont** baden. Ähnlich wie Saulieu [Nr. 47] ist Semur eine gute Wahl als **Standquartier** fürs Auxois und den Morvan.

Ausflüge

St-Thibault (22 km südöstlich)

In der welligen Weidelandschaft des Auxois ist St-Thibault schon von weitem zu sehen. Hoch und schmal steht die **Kirche** im grünen Land, äußerst ungewöhnlich in ihrer Form: Ein abgebrochenes Schiff überragt den kleinen Kirchturm. Der hohe Bau ist ein **Chor**, der Ende des 13. Jh. an eine Kapelle angebaut wurde, er sprengt aber mit 27 m Höhe jeden dörflichen Rahmen. Man weiß nicht genau, wie es zu dieser Kirchengestalt kam. Jedenfalls ist der hohe Chor eines der schönsten **gotischen Bauwerke** weit und breit, mit filigranen *Säulen*, *Pilastern*, *Gewölbe* und *Fensterrose*. Die Mauern sind von **hohen Fenstern** so durchbrochen, daß sie fast wie ein Gitterwerk erscheinen. Wie geduckt wirkt das im 18. Jh. nach einem Einsturz wiederaufgebaute, wesentlich niedrigere Schiff. Ebenso wie die Architektur lohnen die **Kunstwerke** den Ausflug: geschnitzte *Reliefs* mit Szenen aus dem Leben des hl. Theobald, dessen hier aufbewahrte Reliquien Ziel von Pilgerzügen wurden, ein großes *Kruzifix* aus dem 14. Jh. und eine liebenswerte *Madonna mit Kind* und kleinem Vogel auf der Hand. Bewundernswert ist auch der 3 m hohe *Schrein* des hl. Theobald.

Außen ist ein **Portal** mit steinernen Figuren überraschend gut erhalten, die Bilderstürmer der Vergangenheit scheinen den Weg nach St-Thibault nicht gefunden zu haben. Zu beiden Seiten stehen je **zwei Skulpturen**, in der Mitte vielleicht der Kirchenpatron St-Thibault. Da es sich um nicht typisierte, sondern individuell gestaltete Figuren handelt, hat man sie als Porträts realer Personen verstehen wollen; es kann sich jedoch auch um Darstellungen Salomons, der Königin von Saba, Aarons und Davids handeln (Mitte März–Mitte Nov. tgl. 9–12, 14–18 Uhr).

Praktische Hinweise

Information: Office de Tourisme, 2, pl. Gaveau, 21140 Semur-en-Auxois, Tel. 03.80.97.05.96, Fax 03.80.97.08.85

Hotels/Restaurants

/***Hôtel de la Côte d'Or**, 3, pl. Gaveau, Tel. 03.80.97.03.13, Fax 03.80.97.29.83, Stadthotel der Logis-de-France-Kette, mit Restaurant (Mi geschl.).

****Hôtel du Lac**, 10, rue du Lac, 21140 Pont-et-Massène (3 km südöstlich der Altstadt), Tel. 03.80.97.11.11, Fax 03.80.97.29.25. Vom Badesee 3 Minuten, gute Küche, mit Restaurantgarten (Rest. im Winter So abends und Mo geschl.).

45 Epoisses

Burgschloß und Käsehochburg.

Der Weg von Semur [Nr. 44] zum Morvan berührt nach kurzer Fahrt durch Weide- und Ackerland Epoisses, unversehens ist man vor dem Schloßtor angelangt. Der Besitz, im Mittelalter von strategischer Bedeutung, hat seinen **festungsartigen Grundriß** bewahrt: Eine Mauer mit zugeschüttetem Graben schirmt das Gelände ab. Innen gelangt man zum Schloß nur über einen **Vorhof**, der vor Zeiten auch den Dorfbewohnern als Zuflucht bei Belagerungen diente. Unter den **berühmten Besuchern** waren der hl. Colomban, der französische König Heinrich IV., die mitteilsame Mme de Sévigné, der wir so viel Insider-Wissen über die Zeit der Allonge-Perücken verdanken [s. S. 114], sowie der Schriftsteller und Politiker François René de Chateaubriand. Seit 300 Jahren ist das Schloß in Familienbesitz, die alten Mauern tragen die zeitbedingte Verwitterung mit Gelassenheit. Die reiche **Einrichtung** stammt aus dem 17.–19. Jh., das Schloß entstand, als die Burg nicht mehr Festung war. Im Park fällt ein uralter **Taubenturm** auf – ein Hoheitszeichen: pro Hektar war ein Nistfach gestattet (Park tgl. 9–19 Uhr, Schloß nur Juli/Aug. 9–12 und 15–18 Uhr).

Im **Städtchen** findet man am dörflichen Rand einen behäbigen Platz mit stattlicher Remise unter hohem, vorkragendem Dach. Hier, an der Place du Champ de Foire, ist auch die **Käserei Bertheaut** zu finden, wo man den ›Epoisses‹ kaufen kann, seines Aromas wegen zu den besten Käsen der Welt zählend. Nur in Epoisses herrschen die biologischen Bedingungen, unter denen

Kleiner Ort mit großer Kirche: St-Thibault besitzt ein nahezu unversehrt erhaltenes Portal, samt Gewändefiguren und Tympanon-Skulpturen

dieser Käse reift. Es gibt Sorten, die in Marc de Bourgogne, und andere, die in Chablis eingelegt wurden.

Ausflug

Château de Bourbilly

In einem schattigen Park gelegen, malerisch anzusehen mit spitzen Türmen und Giebeln – Bourbilly ist ein weiteres Schloß, wo Mme de Sévigné sich häufig aufhielt und das Landleben genoß. Die **Räume** sind elegant im Stil des 18. und 19. Jh. eingerichtet, besonders kostbar sind die *venezianischen Kronleuchter* (Juli–Mitte Sept. Di–So 10–12 und 15–18 Uhr).

46 Châteauneuf-en-Auxois

Ein Schloß, das die umliegende Landschaft beherrscht – und früher sicherte.

In stolzer Gipfellage, mit prächtigem Ausblick auf die Auxois-Landschaft und auf den Canal de Bourgogne ragt das wehrhafte Gemäuer von Châteauneuf mit seinem Bergfried aus dem 12. Jh. auf. Seit 1936 ist das **Schloß** in Staatsbesitz. Ein Höhepunkt beim Rundgang durch die Säle und Kemenaten ist das von acht schwarzverhüllten Trauernden umstellte **Grabmal Philippe Pots** in der Kapelle, die dieser, der Berater der burgundischen Herzöge, 1481 errichten ließ (das Original der Grabskulptur befindet sich im Louvre). Stahlstiche burgundischer Sehenswürdigkeiten aus dem vorigen Jahrhundert schmücken die Wände und zeigen im Vergleich mit heute, wie gut sich das meiste erhalten hat. In die Bruchsteinhäuser des pittoresken Dorfes sind Restaurants, kleine Hotels und Souvenirläden eingezogen – aber wenn die letzte Reisegruppe über die Zugbrücke zu ihrem Bus zurückgegangen ist, zieht Stille ein (Führungen Apr.–Sept. tägl. 9.30–17 Uhr, Okt.–März Do–Mo 10, 11, 14 und 15 Uhr, Tel. 03.80.49.21.89).

◁ *Wochenmarkt in Saulieu und die stille Landschaft des Auxois, die vom Canal de Bourgogne auf seinem Weg von der Rhône zur Saône durchströmt wird. Im nördlichen Teil der Côte d'Or läuft das Leben ruhiger als um Dijon und die Weinmetropolen des Südens, sogar die sonst fast verschwundene Baskenmütze gibt's hier noch*

Ausflüge

Château Commarin (8 km nördlich)

Seit Jahrhunderten bewohnt dieselbe Familie ihren Stammsitz Commarin, den sie im 17. und 18. Jh. zu einem klassizistischen **Wasserschloß** umbaute. Zwei starke **Rundtürme** mit schiefergedeckten Kegeldächern erinnern noch ans kriegerische Mittelalter, doch der **Schloßpark** mit wunderbaren Linden und Rasenflächen, die **Gittertore** wie auch die kostbaren **Tapisserien** und **Möbel** in den Salons versetzen den Besucher in die genußfrohe Zeit des Ancien Régime. Eine Großmutter Talleyrands soll für die Ausstattung gesorgt haben (Führungen Ostern bis Allerheiligen 10–12 und 14–18 Uhr).

Für heiße Tage: Zwischen Commarin und Châteauneuf liegt der **Lac de Panthier**, mit Campingplatz, kleiner Segelschule und Badestelle am Südostufer.

Arnay-le-Duc (18 km südwestlich)

Die im Kern noch mittelalterliche Stadt am Rande des Morvan unterhält im Gebäude des historischen Hospizes die ›Maison des Arts de la Table‹, ein **Zentrum gastronomischer Kultur** mit jährlich wechselnder Ausstellung (tgl. 10–18.30 Uhr, Tel. 03.80.90.11.59). Auch Weinverkostung und -verkauf.

Praktische Hinweise

Informationsmaterial bekommt man im Office de Tourisme in Semur-en-Auxois [Nr. 44], das auch als Standquartier für Auxois-Rundfahrten günstig liegt.

Hotel/Restaurant

/* **Hostellerie du Château**,
21320 Châteauneuf/Côte d'Or,
Tel. 03.80.49.22.00, Fax 03.80.49.21.27.
Wenige Schritte vom Schloß. Ruhig und stilvoll (Ende Nov.–Anfang Febr. geschl.).

Einkaufen

Die ›**Maison de Pays de Pouilly-en-Auxois**‹ an der gleichnamigen Autobahnabfahrt zur N 81 bietet eine besonders reiche Auswahl regionaler Produkte, vom Kulinarischen bis zum Kunsthandwerk (Juni–Sept. Mo–Sa 10–19, So 15–19 Uhr).

Naturpark Morvan – Waldgebirge mit Wasserfreuden

Auf den Morvan schaute man generationenlang mit der Arroganz der Glücklicheren herab: ein Land der Holzfäller und -flößer, wo sich Hase und Fuchs Gutenacht sagen. Sogar heute tun sich manche Stadtleute schwer mit diesem Herzland Burgunds: Wie macht man Urlaub in einem Wald, der annähernd so groß ist wie ganz Luxemburg?

Darauf sprudeln die Antworten im Dutzend, seit 1971 der **›Parc Naturel Régional du Morvan‹** geschaffen wurde, einer der größten in Frankreich und in Europa (rund 175 000 ha). Für Wanderer, Radfahrer und Reiter, für Angler und Kajakfahrer, für Segler und Surfer, aber auch für Felskletterer und Höhlenforscher stapeln sich seitdem die Angebote. Dazu sind attraktive kleine **Museen** entstanden, und authentische Feste werden gefeiert, wie das **Drehleier-Fest** in Anost oder das europäische **Fest der Volksmusik** von Saulieu, wo der Dudelsack schon zu Zeiten des Rabelais heimisch war. Den Liebhabern ungestörter Natur zum Trost: Genauer besehen, herrscht abseits der wenigen Städte (Château-Chinon, Saulieu) fast nur um den **Lac des Settons** [s. S. 125] betriebsamer Tourismus.

Den Ökologen machen die Waldbesitzer mehr Sorgen. Die nämlich schaffen mit ihren Motorsägen Kahlschläge im ›bois de lumière‹, dem lichten gallischen **Buchen-** und **Eichen-Laubwald** mit Bergulmen, Sommerlinden und Bergahorn, um danach rentierliche Weihnachtsbaumplantagen anzulegen.

Noch ist der Naturpark Morvan weithin so zu erleben, wie ihn der Wahlfranzose Hans Roth poetisch beschrieben hat, als eine »Naturzitadelle aus rosa Granit und grünem Wald, Quellen und Bächen, Fingerhut und Farn«. Natürlich ist das Rosa des **Granitmassivs** (das im Süd-Morvan bis zu bescheidenen 900 m ansteigt) zumeist grau verwittert, aber um so glänzender liegen die Silberspiegel der **Morvan-Seen** im Wald- und Wiesengrün. Fast nur an den alten Staumauern erkennt man noch, daß sie künstlich angelegt wurden, teils schon im 19. Jh., um das Wasser für das Flößen des Morvan-Holzes auf der Yonne und der Cure aufzustauen [s. S. 76].

47 Saulieu

Zentrum der Feinschmeckerei und eine Kirche mit kostbarem romanischem Figurenschmuck.

Auf der Route Paris–Lyon war Saulieu schon zu Zeiten der drei Musketiere und der Madame de Sévigné Poststation. Auch heute rastet man gern an diesem Platz, und die Auswahl an Hotels, die sich an der breiten Ortsdurchfahrt unter den alten Bastionen reihen, ist überraschend groß – wie auch die Zahl der gastronomisch ambitionierten Menus. Zur erhöhten Gästefrequenz trägt die neue Rolle bei, die Saulieu als einem touristischen **›Tor zum Naturpark Morvan‹** zugefallen ist.

Sein anderes Gesicht zeigt das nur etwa 3000 Einwohner zählende Städtchen in den Gassen der historischen **Altstadt** um die **Basilika St-Andoche** (benannt nach dem hl. Andochius, einem Märtyrer der christlichen Mission, der aus dem Vorderen Orient nach Burgund kam). Ihretwegen ist Saulieu auch ein Hauptziel für die Bewunderer burgundischer Sakralarchitektur, trotz schwerer Zerstörungen im Lauf der Jahrhunderte. Saulieus Kostbarkeit ist der **Kapitellzyklus** an den Säulen der fünf Langhausjoche von St-Andoche, mit nahezu unversehrt

Der Morvan, Wanderlandschaft und Ziel für Wasserfreunde – hier über den waldgesäumten Ufern des Lac de St-Agnan, wo sich ins kilometerweite Baumgrün der sonnengelb flammende Ginster mischt. Unten: Nikl de Saint Phalles Brunnen vor dem Rathaus von Château-Chinon

erhaltenen Skulpturen (Mitte 12. Jh.). Eindringliche Szenen sind zu erkennen, von *Tierkämpfen* wie auch u. a. von einer *Flucht nach Ägypten* (4. Säule rechts), dem *Selbstmord des Judas* (der Teufel assistiert; 3. Säule rechts) oder der Erscheinung des auferstandenen *Christus vor Maria Magdalena* (2. Säule rechts). Diese biblischen Szenen sind auch an den Kapitellen von St-Lazare in Autun [Nr. 15] dargestellt, die Gislebertus geschaffen hat. Wenn man vergleicht: In Autun wirken die Gesichtszüge dramatischer und ausdrucksstärker, in Saulieu ist die formale, dekorative Meisterschaft größer.

Links vom Chor ist die Replik eines besonders kostbaren **Evangeliars** (Evangeliaire de Charlemagne) mit höchst qualitätvollen *Elfenbeinschnitzereien* ausgestellt, die auf das 6. Jh. datiert werden und in ihrer plastischen Darstellung noch der römischen Tradition verpflichtet sind.

Gleich hinter St-Andoche ist im **Musée François Pompon** eine Werkauswahl des prominenten *Tierbildhauers* aus Saulieu zu sehen, der dem Museum den Namen gab. Außerdem sind *gallo-römische Grabstelen*, traditionelle *Handwerksgeräte* und vor allem Zeugnisse *kulinarischer Leistungen* der Region Saulieu ausgestellt (place du Docteur Roclore, Apr.–Sept. Mi–Sa und Mo 10–12.30 und 14–18 Uhr, Okt.–März 10–12.30 und 14–17.30, So immer 10.30–12 und 14–17 Uhr, Tel. 03.80.64.19.51). In Saulieu versammeln sich alljährlich im Mai die Kenner zu den ›**Journées Gourmandes**‹; die Stadt ist auch stolz auf eines der französischen Spitzenrestaurants: Bernard Loiseaus ›**La Côte d'Or**‹ [s. u.].

Edelgastronomie in Saulieu: ›La Côte d'Or‹, wo Bernard Loiseau seine Kochkunst zelebriert

Praktische Hinweise

Information: Office de Tourisme, 24 rue d'Argentine, 21210 Saulieu, Tel. 03.80.64.00.21, Fax 03.80.64.21.96

Hotels/Restaurants

********La Côte d'Or****, 2, rue d'Argentine, Tel. 03.80.90.53.53, Fax 03.80.64.08.92. Gediegener Luxus, Magnet für Feinschmecker.

******La Poste***, 1, rue Grillot, Tel. 03.80.64.05.67, Fax 03.80.41.10.82. Einladend und traditionell, als könnte Mme de Sévigné nächstens vorfahren. Komfortabel und mit ambitionierter Küche.

****Le Lion d'Or**, 7, rue Courtépée, Tel. 03.80.64.16.33, Fax 03.80.64.01.75. Kleines Hotel mit Garten (Restaurant So abends und Mo geschl.).

Einkaufen

Zum **Hotel La Côte d'Or** gehört eine **Boutique** (Eingang neben dem Hotel), die außer haltbaren Delikatessen ein qualitätvolles Sortiment an guten Küchenwerkzeugen und Kochbüchern führt.

La Fouchale, 4, pl. de la République, Tel./Fax 03.80.64.02.23. Erstklassiges Käsehaus – uriger Bauernkäse, bester Ziegenkäse. Freundliche Beratung, auch Versand.

48 Quarré-les-Tombes

Das Rätsel der Sarkophage – bis heute ungelöst.

Um die gotische **Kirche St-Georges** am Marktplatz liegen steinerne **Sarkophage** aufgereiht. Es sind über hundert, teils vollständig, teils nur Sarkophagdeckel, alle solide Steinmetzarbeit. Man weiß, daß es früher noch viel mehr waren, an die tausend wohl. Man weiß, daß sie im 7.–10. Jh. hergestellt wurden, aus Kalkstein, der in mindestens 25 km entfernten Steinbrüchen gewonnen wurde. Aber man weiß nicht, warum gerade hier und

Ein touristisches Zentrum des Morvan, aber auch hier finden sich ruhige Plätze: der Lac des Settons

warum in solcher Zahl. Zwei Theorien werden angeboten: Nach der Legende eilte der **hl. Georg** selbst auf weißem Pferd aus dem Paradies zu Hilfe, als der Ort von den Sarazenen bedroht war. Darum wollten seither auch Menschen von weither gerade hier begraben sein. Vielleicht waren die Einwohner aber auch auf Sargfabrikation spezialisiert und konnten dank günstiger Lage an der Straße Autun – Auxerre günstig exportieren.

Heute bietet Quarré-les-Tombes, das nach seinen Grabsteinen heißt, eine verlockende Auswahl an Süßigkeiten und Konfitüren.

Ausflug

St-Léger-Vauban (6 km nordöstlich)

Dem Festungsbaumeister des Sonnenkönigs, Marschall **Sébastien le Prestre de Vauban** (1633–1707), hat sein Geburtsort St-Léger-Vauban eine **Maison Vauban** gewidmet. Die Ausstellung zeigt den berühmten Burgunder nicht nur als *Militärarchitekten*, sondern als vielseitig klugen Kopf mit Ideen zu Religion, Volkswirtschaft und als einer der ersten auch zu Statistik (1. Mai–15. Sept. 10–13 und 15–19 Uhr, Tel. 03.86.32.26.30).

Praktische Hinweise

Information: Mairie, im Bürgerpark, 89630 Quarré-les-Tombes, Tel. 03.86.32.23.38

Hotel

****__Auberge des Brizards__ (südlich, auf halbem Weg nach St-Agnan), Tel. 03.86.32.20.12, Fax 03.86.32.27.40. Juwel in ländlicher Ruhe, mit individuellen Zimmern, großem Garten. Eigene Gemüse- und Tierzucht für die Restaurantküche.

Restaurant

Auberge de l'Atre (in Les Lavaults, 4 km südwestlich), Tel. 03.86.32.20.79, Fax 03.86.32.28.25. Man spricht deutsch und englisch. Spezialität: Fische und Meerestiere, 300 Weine.

Einkaufen

Maison Fontaine – Les Tombelines, 24, place de l'Eglise. Konfitüren und Gelees nach Großmutterart.

49 St-Brisson

Das Informationszentrum des Naturparks.

Das **Schlößchen** aus dem 19. Jh., das sich der gräfliche Grundherr nach der Rückkehr aus dem Revolutionsexil erbauen ließ, wurde in den siebziger Jahren zur **Maison du Morvan** (am Dorfrand, ausgeschildert), mitsamt den umliegenden Gutsgebäuden.

Hier wird der Morvan-Naturpark verwaltet, werden Ausstellungen im **Ecomusée du Morvan** (Juli–Sept. tgl. 10.15–18 Uhr, Okt.–11. Nov. nur Sa/So) und bodenständige Produkte gezeigt und während der Saison auch Gäste bewirtet. Ein **Musée de la résistance** erinnert daran, daß während der deutschen Besetzung im Zweiten Weltkrieg der Morvan ein Zentrum des Widerstands war, Schauplatz ungezählter menschlicher Tragödien.

Friedliche Entdeckungen sind in einem **Baumpark** (Arboretum) und einem winzigen **botanischen Garten** zu machen, zum Beispiel die Pflanzen, die östlich vom Morvan nicht gedeihen, weil das Waldgebirge als Wetterscheide zwischen atlantischem und kontinentalem Klima wirkt. Für Kinder gibt es **Tiergehege** und einen **Spielplatz**.

Nicht zuletzt bietet die **Maison du Parc Naturel Régional** alle Informationen für einen Morvan-Urlaub: Wo kann man sich einmieten oder campen, Mountainbikes oder Pferde leihen, wo kann man Forellen angeln, Wildwasser- oder Ballonsport betreiben? Fürs **Mountainbike** z. B. – das in Frankreich VTT heißt (= velo tout terrain) – gibt es 1400 km markierte, nach Schwierigkeitsgraden unterschiedene Morvan-Routen. Dazu Kartenfaltblätter, auf denen auch gleich die zu bewältigenden Höhenunterschiede, die Sehenswürdigkeiten, Läden und Quartierangebote abzulesen sind.

Achtung: Von November bis Februar ist Jagdzeit. Es wird dringend empfohlen, an bestimmten Tagen, die in der Mairie zu erfahren sind, nicht auf Tour zu gehen. Manche Routen sind dann auch gesperrt.

Morvan-Wanderern werden rund 80 halb- bis viertägige Routen empfohlen, darunter **zwei Fernwanderwege** (= grande randonnée), die G. R. 13, die den Morvan von Vézelay [Nr. 26] bis zur Südgrenze durchquert, und der Rundwanderweg ›G. R. P. Tour de Morvan‹ (= grande randonnée pays). Auch mehrtägiges ›**Wandern ohne Gepäck**‹ wird angeboten.

Praktischer Hinweis

Information: Maison du Parc, 58230 St-Brisson, Tel. 03.86.78.79.00, Fax 03.86.78.74.22. Ganzjährig geöffnet Mo–Fr 8.45–12.15 und 13.45–17.30 Uhr.

50 Sechs-Seen-Rundfahrt

Der Norden des Morvan ist überreich an Seen und Wildbächen – und ruht außerhalb der Hochsaison in großer Stille.

Je nachdem, wie oft man sich mit einem Bad erfrischt, einen Abstecher zu einer Sehenswürdigkeit einlegt oder einen Spaziergang, kann dies einer der schönsten **Tagesausflüge** sein oder aber auch **eine Woche und mehr** dauern (Gesamtstrecke: rund 200 km). Die Fahrt geht von

Schickes Freizeitdesign am Lac des Settons. In den familienfreundlichen Hotels und Restaurants rund um den See lebt man eher im traditionellen Stil

einem See zum andern, bis man wenigstens die **sechs großen Morvan-Seen** (Gesamtfläche: 1400 ha) kennengelernt hat. Ob als Trinkwasserspeicher, zur Hochwasserregulierung oder Wasserkraftgewinnung angelegt – alle sind für Schwimmer, Surfer und auch für Angler freigegeben. Auf dem Lac des Settons sind auch Motorboote und Wasserski zugelassen.

Der **Startpunkt** ist beliebig, könnte z. B. St-Brisson [Nr. 49] sein. Schon 6 km weiter südlich lohnt ein schäumender **Wasserfall** im bezaubernd romantischen **Tal der Cure** einen ersten Abstecher zu Fuß (ausgeschildert: Saut de Gouloux). Westlich in Richtung Saulieu (D 977 bis und D 106) erreicht man den still inmitten von Wald und Wiesen gebetteten **Lac Chamboux**, an dem man sich Bade- oder Angelplätze suchen kann (auch Campingplatz).

Südlich führt die Rundfahrt über die D 121 und D 193 zum touristischen Highlight des Morvan, dem **Lac des Settons**, um den es familienfreundliche Hotels, Bade- und Campingplätze, Spazierwege und Bootverleiher gibt, wie nirgendwo sonst im Morvan. Die überschaubare Wasserfläche durchpflügt sogar ein Ausflugsschiff.

Ziel des nächsten Abstechers, südwärts über eine schöne Strecke der D 17 und D 2: **Anost** mit dem kleinen Museum **La Maison des Galvachers** am Dorfplatz. ›Galvache‹ hieß die lange Reise der Ochsenkarren, auf denen die ›galvachers‹ Holz aus dem Morvan in die Städte transportierten (Juli/Aug. Mi–Mo 14–17 Uhr, Juni und Sept. nur Sa/So 14–17 Uhr).

Auf direktem Weg fährt man vom Lac des Settons auf Nebenstraßen (D 520, D 37, D 505) zum **Lac de Pannecière-Chaumard**, dem langgestreckten, größten Morvan-See, zu dem die Yonne unter malerisch aufsteigenden Waldhängen gestaut wurde, mit Dörfern wie **Chaumard** und **Montigny-en-Morvan** mit freundlichen Hotels. Unter hohen Baumkronen sitzt man auf der Terrasse des Restaurants **›La Chaumière à Tetelle‹**, nahe der Talsperre (Tel. 03.86.84.78.80, außerhalb der Saison Mi geschl.). Westlich des Staudamms ist jüngst ein Morvan-Feriendorf ****Le Village Européen** entstanden, mit Hoteltrakt, ›Village toile‹ (Zeltwohnungen), Campingplatz und Sporteinrichtungen für rund 1000 Gäste (58120 Montigny-en-Morvan, Tel. 03.86.84.79.00, Fax 03.86.84.79.02).

Durch Wiesentäler und stille Dörfer führen schmale Straßen weiter nach Norden zum **Lac de Chaumeçon** und zum **Lac du Crescent** (kaum touristische Strukturen, ohne Karte wären beide sogar leicht zu verfehlen!). Das Wasser der Cure wird vom Lac du Crescent unterirdisch zu einem Kraftwerk geführt. Ein Stück talabwärts erblickt man auf steilem Fels das Château **Chastellux-sur-Cure**, seit bald einem Jahrtausend im Besitz derselben Familie (nicht zugänglich).

Ostwärts schließlich über die D 128 und – von Quarré-les-Tombes [Nr. 48] an – über die größere D 10 in Richtung **Lac de St-Agnan** mit seiner Wassersportbasis und den am Waldrand versteckten Badeplätzen. In der Nachbarschaft kann man die **Abbaye de la Pierre-qui-Vire** aufsuchen, einen der geheimnisumwitterten Orte des Morvan. Ihren Namen hat die *Benediktinerabtei* von einem Granitblock, der sich beim Angelus-Läuten bewegte. Die Mönche betreiben nicht nur eine Töpferei, sie bieten auch Unterkunft für Gäste, die meditieren wollen.

Praktische Hinweise

Hotels/Restaurants

****La Morvandelle**, Lac-des-Settons, Postadresse: 58230 Montsauche-les-Settons, Tel. 03.86.84.50.62. Ufernah am Wald, mit Garten und Restaurantterrasse.

****La Vieille Auberge**, 58230 St-Agnan, Tel. 03.86.78.71.36 und 03.86.78.72.16. Nur 8 Zimmer, rustikal. Restaurant auch mit Menu gastronomique.

51 Château-Chinon

François Mitterrand stiftete der Kleinstadt mit uralter keltischer Vergangenheit seine Staatsgeschenke.

François Mitterrand (1916–1995), ein Politiker von Weltläufigkeit und wohlberechneten großen Gesten, verleugnete nie seine Herkunft aus der französischen Provinz. In dem 3000-Einwohner-Städtchen **Château-Chinon** war er 22 Jahre Bürgermeister, auch 35 Jahre lang Abgeordneter des Département Nièvre. ›Force tranquille‹ (= ruhige Kraft) war 1981 sein Slogan im Wahlkampf um das Amt des Präsidenten der Französischen Republik. Château-Chinon verdankt dem Präsiden-

Château-Chinon: Goldfinger ohne 007

ten viel. 1986 noch die Stiftung seiner Staatsgeschenke und ein neues Museum, das in einem ehem. Konvent der Klarissen aus dem 18. Jh. eingerichtet wurde und seither zu den meistbesuchten Burgunds zählt.

»Es scheint mir natürlich, daß die Geschenke, die ich in meiner Funktion als Präsident der Republik erhalten habe, allen zugänglich sind«, steht in Mitterrands Handschrift am Eingang des **Musée du Septennat** (= der siebenjährigen Amtsperiode). Abertausende drängen zu den glitzernden Orden, kostbarem und manchmal auch eher kitschigem Kunsthandwerk, zu den juwelengeschmückten Ehrensäbeln und den silbergerahmten Fotos der Staatsoberhäupter-Kollegen (6, rue du Château, tgl. 10–18, Sa/So bis 19 Uhr, im Winter eingeschränkt, Tel. 03.86.85.19.23. Das Museum ist ausgeschildert).

Benachbart findet man das **Musée du Costume**, mit wechselnden Ausstellungen aus seinen reichen Sammlungen zur französischen Modegeschichte (16–18, rue St-Christophe, geöffnet wie das Musée du Septennat, Tel. 03.86.85.18.55).

Bunter als alle historischen Moden ist der **Brunnen** von **Niki de Saint Phalle** und **Jean Tinguely** mit Figuren in munter komischer Bewegung an der Place François-Mitterrand, gegenüber der Mairie.

Château-Chinon nennt sich die ›historische Hauptstadt des Morvan‹ und war im 13. Jh. Sitz einer vom Herzogtum Burgund unabhängigen Grafschaft. Um den Stadthügel öffnen sich die Morvan-Wälder zu einem hügeligen Hochland aus Weiden und Feldern. Der Ausblick nach Westen geht bis in die Loire-Ebene.

Praktische Hinweise

Information: Office de Tourisme, 2, place St-Christophe, 58120 Château-Chinon, Tel. 03.86.85.06.58

Hotel

****Le Vieux Morvan**, 8, place Gudin, Tel. 03.86.85.05.01, Fax 03.86.85.02.78. Schon ›Tonton François‹, Onkelchen Franz, wie Mitterrand gern genannt wurde, quartierte sich hier ein.

52 Mont Beuvray (Bibracte)

Zurück zu den Anfängen! Frankreich sucht nach seiner keltischen Vergangenheit – und zeigt die Fundstücke.

Durch idyllische Waldtäler ist der Mont Beuvray von Autun im Osten wie von Château-Chinon im Nordwesten auf guten Straßen zu erreichen (jeweils etwa 30 km). Wer sich Zeit nimmt, kann den Berg in einer mehrstündigen Wanderung ohne große Anstrengung erkunden.

Staatsgeschenk: Emailvase aus Japan (Musée du Septennat, Château-Chinon)

Geschichte In den Laubwäldern am Mont Beuvray entdeckte 1867 zuerst **Jean Gabriel Bulliot** keltische Spuren und begann mit Grabungen, die er fast drei Jahrzehnte lang fortsetzte. Ein Jahrhundert später, 1985, erklärte François Mitterrand dieses Gebiet, das keltische **Bibracte**, zum **›grand site national‹**, zu einer Stätte von nationalem Rang. 1987 folgte die Gründung des **Forschungszentrums** im benachbarten **Glux-en-Glenne**. Wieder zwei Jahre später wurde das ›Projet Bibracte-Mont Beuvray‹ offiziell in die Reihe der ›Großen Kulturprojekte des Staates in der Provinz‹ aufgenommen und die Gründung eines **keltischen Museums** beschlossen. 1994 konnte das Forschungszentrum seine Arbeit beginnen, 1995 wurde das Museum in einem Teilbereich eröffnet, 1996 war die permanente Ausstellung (fast) fertiggestellt.

Trotz allem aber weiß die Archäologie vom keltischen Bibracte noch lange nicht genug. Gesichert scheinen eine jungsteinzeitliche **Befestigung** um 5000 v. Chr., **Siedlungen** der Bronze- und Eisenzeit und ein keltisches ›oppidum‹, eine befestigte Siedlung, seit etwa 150 v. Chr. Prominentester Zeuge für die Bedeutung des Orts ist **Julius Cäsar**, der sich mit seinen Truppen im Winter des Jahres 52 v. Chr. am Bibracte aufhielt und hier an seinem Buch über den ›Gallischen Krieg‹ arbeitete. Zuvor war der Fürst der Averner, Vercingetorix, auf dem Bibracte zum Führer der gallischen Stämme gewählt und von Cäsar bei Alesia [s. S. 112] besiegt worden.

Bibractes – vermutete – Rolle als ein **Hauptort der gallischen Häduer** schwand nach ihrer Niederlage im Abwehrkampf gegen Rom. Vermutlich wurde der Ort seit der Gründung Autuns allmählich aufgegeben. Gefunden wurden noch Reste einer **frühchristlichen Kirche** aus merowingischer Zeit. Sagen wuchsen, wie die vom ›Pierre de Wivre‹, den man noch heute aufsuchen kann – vielleicht öffnet sich der Fels und gibt seinen Schatz frei.

Besichtigung Am Museum gibt es einen großen, schattenlosen **Parkplatz**. Man kann aber auch auf der Forststraße bis zum **Ausgrabungsgelände** weiterfahren, fast bis aufs Plateau des 821 m hohen Gipfels und nach Süden wieder bergab. Der Zugang zu den freigelegten **Mauerresten der keltischen Stadt** und

Das ›Keltische Museum von Bibracte‹ entstand an einem uralten Ort der untergegangenen vor-römischen Kultur Galliens

der **mittelalterlichen Klosteranlagen** ist frei, soweit nicht gerade Archäologen an der Arbeit sind. Besonders interessant ist der rekonstruierte Abschnitt der einst rund 5 km langen **gallischen Mauer** und ein 1987 entdecktes elliptisches **Wasserbecken** aus dem 1. Jh. v. Chr. Der Ausblick in die Hügelketten des Morvan ist an klaren Tagen hinreißend schön.

Einblick in das Leben der keltischen Bewohner gibt am Fuß des Berges das **Musée celtique de Bibracte** (St-Leger-sous-Beuvray, Mai–Okt. Mi–Mo 10–18 Uhr, Tel. 03.85.86.52.35). In Modellen, Rekonstruktionen, auf vielen Videoschirmen und natürlich auch mit originalen Funden wird die untergegangene Kultur der keltischen Stämme dokumentiert: ein großes Thema der europäischen Vergangenheit zwischen Böhmen und Atlantik, heute eines der europäischen Forschung, die noch viele Fragen zu klären hat. In diesem großzügig konzipierten Museum ist auch manches für Kinderaugen interessant, Asterix läßt grüßen.

Praktischer Hinweis

Unterkunft

›L'Eau Vive‹ – Le Bourg, 71990 St-Prix-en-Morvan, Tel. 03.85.82.59.34. Catherine und René Denis haben in einem traditionellen Bauernhof 4 komfortable Zimmer hergerichtet, bieten auch eine Table d'hôte. Garten, viele Wanderwege ums Wiesental, 10 km zum Mont Beuvray (15. März–15. Nov.).

ANIS PASTILLES
NET WT 1¼ OZ

Auberge de la Coquille
CRÊPERIE · SALON DE THÉ
MENU
Auberge de la Coquille
RESTAURANT
CRÊPERIE - SALON de THÉ
CADRE D'ÉPOQUE
CHEMINÉE

Burgund aktuell A bis Z

Vor Reiseantritt

ADAC Info-Service
Tel. 01805/101112, Fax 302928

Deutschland
Maison de la France
Westendstr. 47, PF 100128,
60001 Frankfurt,
Tel. 069/7560830, Fax 752187
Prospektversand Tel. 0190/570025

Keithstr. 2–4, PF 150465,
10666 Berlin, Tel. 030/2182064,
Fax 141238

Österreich
Maison de la France
Argentinierstr. 41A, 1040 Wien,
Tel. 01/5032890, Fax 5032871

Schweiz
Maison de la France
Löwenstr. 59, PF 7226,
8023 Zürich, Tel. 01/2213578,
2113085, Fax 2121644

Allgemeine Informationen

Reisedokumente

Für Reisende aus Deutschland, Österreich und der Schweiz genügt der gültige **Personalausweis** oder **Reisepaß** bzw. der Kinderausweis. **Kfz-Papiere**: zusätzlich zum Führerschein und Fahrzeugschein ist die Internationale Grüne Versicherungskarte empfehlenswert.

Geld

Gesetzliches Zahlungsmittel ist der französische Franc (FF). Tip: **Umtausch** im Lande ist meist günstiger, aber achten Sie beim Bargeldumtausch auf die unterschiedlichen Prozente der ›commission‹ bei den Banken!

Höchstbetrag bei Eurocheques: 1400 FF, Ausweis mitbringen! **EC-Geldautomaten** sind in den größeren Städten vorhanden, Höchstbetrag täglich 1200 FF. Gängige **Kreditkarten** werden akzeptiert, hauptsächlich Visa- und Euro/Mastercard. Bargeld darf nur bis zum Gegenwert von 50000 FF ausgeführt werden.

◁ *La douce France: An der Place Rude in Dijon steht auf dem Brunnen zwischen Karussellmusik und Caféhaustischen der ›Bareuzai‹ (der ›Traubentreter mit roten Socken‹), in nostalgischer Verpackung werden Anispastillen dargeboten, im Keller von Schloß Aloxe-Corton und in der ›Auberge de la Coquille‹ in Vézelay läßt man sich's wohl sein*

Zollbestimmungen

Reisebedarf für den persönlichen Gebrauch ist zwischen EU-Ländern abgabefrei. Richtmengen (Obergrenze): 10 l Spirituosen, 90 l Wein, davon 60 l Schaumwein, 800 Zigaretten. Für Reisende aus der Schweiz gelten strengere Begrenzungen (für Wein 2 l).

Tourismusämter

Das Netz der **Office de Tourisme** ist engmaschig und effizient, in den Hauptorten stehen diese, zumindest im Juli und August, an sieben Tagen in der Woche für Auskünfte und Buchungen zur Verfügung. In kleineren Orten variieren die Öffnungszeiten stark, oft von Jahr zu Jahr. Immer öfter kann man sich inzwischen auch auf englisch oder deutsch verständigen. Die Adressen der Tourismusämter finden Sie am Ende der einzelnen Ortskapitel im vorderen Teil dieses Buches.

Auch die vier Départements geben Auskunft, jeweils unter der Adresse **›Comité Départemental de Tourisme‹**:
Côte d'Or – Hôtel du Département, BP 1601, 21035 Dijon Cedex, Tel. 03.80.63.66.00, Fax 03.80.49.90.97

Nièvre – 3, rue du Sort, 58000 Nevers, Tel. 03.86.36.39.80, Fax 03.86.36.36.63

Saône-et-Loire – 389, av. du Maréchal-de-Lattre-de-Tassigny, 71000 Mâcon, Tel. 03.85.21.02.20, Fax 03.85.38.94.36

Yonne – 1–2, quai de la République, 89000 Auxerre, Tel. 03.86.52.26.27, Fax 03.86.51.68.47

Adressen und Informationen vermittelt außerdem das **Comité Régional du Tourisme de Bourgogne**:
B. P. 1602, 21035 Dijon Cedex,
Tel. 03.80.50.10.20, Fax 03.80.30.59.45

Notruf

Polizei: 17

Feuerwehr: 18

Krankenwagen: 17 oder 18

Französischer Pannennotruf:
03.78.37.85.00, auf Autobahnen nur über Notrufsäulen

ADAC-Auslandsnotruf:
0049/89/222222

ADAC-Ambulanzdienst München (tgl. 24 Stunden): 0049/89/767676

ADAC-Notrufstation (rund um die Uhr besetzte Servicestelle in Lyon):
Tel. 04.72.17.22.22, Fax 04.72.17.12.51

Besondere Verkehrsbestimmungen

Tempolimits (km/h): PKW auf der Autobahn 130, bei Regen 110, auf Schnellstraßen 110, bei Regen 100, auf National- und Départementsstr. 90, bei Regen 80, in Ortschaften 50. Schon geringe Geschwindigkeitsüberschreitungen werden mit hohen Geldbußen bestraft.

Es gilt **Anschnallpflicht**. Motorräder müssen bei Tage, PKW an Regentagen mit Abblendlicht fahren. Die **Autobahnen** sind mautpflichtig (péage), die Strecke Mulhouse-Dijon (217 km) kostet zum Beispiel umgerechnet 24 DM.

Parken: In den Innenstädten gibt es meist nur **Kurzparkzonen** (blaue Linien auf dem Asphalt), die **Tickets** zieht man an Automaten, meist ist das Parken von 12–14 Uhr frei. Die Gebührenpflicht gilt auch samstags.
Promillegrenze: 0,5.

Anreise

Auto

Kartenmaterial und Reiserouten können Mitglieder des ADAC kostenlos bei den ADAC-Dienststellen oder unter Tel. 01805/101112 anfordern.

An den **Tankstellen** ist bleifreies Benzin (sans plomp) erhältlich. Kraftstoff ist deutlich teurer als in Deutschland.

Wer über die Autobahn aus Deutschland anreist, nimmt aus dem Südwesten den Weg über Mulhouse, aus dem mittleren und nördlichen Deutschland den über Metz.

Bahn

Der Hochgeschwindigkeitszug **TGV** verbindet Burgund mit Lausanne und mit Paris (verschiedene Linien zu den Städten). Andere Verbindungen sind meist mühsam, wenn man nicht den Umweg über Paris machen will.

Flugzeug

Der Flugplatz von Dijon [Nr. 1] (Tel. 03.80.67.67.67) bietet keine direkte Flugverbindung mit deutschen Städten und auch keine mit Straßburg oder Paris. Charterflüge sind jedoch in Vorbereitung.

Bank, Post, Telefon

Banken

Meist Mo–Fr 9–12 und 14–16.30 Uhr geöffnet. Geld ist auch an Automaten möglich, die rund um die Uhr betriebsbereit sind. In größeren Städten öffnen manche Banken auch am Samstag.

Postämter

Mo–Fr 9–19 und Sa 9–12 geöffnet. In kleineren Orten mit einer Mittagspause von 12 bis 14 Uhr und manchmal frühere Schließzeit. Briefmarken gibt es auch in autorisierten Tabakläden.

Telefon

Öffentliche **Fernsprecher** funktionieren meist mit Telefonkarten (télécartes), die in Postämtern und in autorisierten Tabakläden erhältlich sind. Hotels kassieren für jede Telefoneinheit einen kräftigen Aufschlag.

Vorwahlen:
Bundesrepublik Deutschland: 0049
Österreich: 0043
Schweiz: 0041
Frankreich: 0033
Die französischen Telefonnummern sind zehnstellig und beginnen mit 0. Bei Gesprächen vom Ausland nach Frankreich läßt man diese 0 weg (= 0033 + neunstellige Nummer).

Einkaufen

Souvenirs aus Burgund?

Es sollte schon etwas Originelles sein oder den ideellen Wert des besonderen Erlebnisses haben. Wer gerne in **Antiquitäten** kramt, findet edle und auch altertümlich chaotische Läden in den größeren Orten. Bäuerliche **Korbwaren** (Schulterkörbe zur Weinlese), Gebrauchsgegenstände rund um den **Wein** (Flaschenöffner, Gläser, Flaschenhalter) erinnern an genußreiche Mahlzeiten. Wer **Keramik** oder **Steingut** liebt, entdeckt charakteristische Krüge, Becher und Teller in allen Landesteilen, verschieden in Struktur und Dekor. Künstlerisch hochwertig sind die bemalten **Fayencen** von Nevers [Nr. 21], die dort von alteingesessenen Familienbetrieben hergestellt werden.

Lebensmittel

Verlockendes, das gut zum Urlaubsnachklang paßt: **Wild- oder Entenpasteten** in Gläsern, **Dijoner Senf** in Dutzenden von Geschmacksrichtungen (bei Maille, 32, rue de la Liberté, Dijon [Nr. 1] findet man alle Variationen des Dijoner Senfs sowie einen Querschnitt durch das Angebot an burgundischer Keramik in Form von Senftöpfen), **Lebkuchen** aus Dijon (in Geschäften der Rue Liberté und deren Nebenstraßen), **Konfekt**, besonders aus Nevers und La Clayette [s. S. 61], **Anispastillen** in altmodischen

... und vielerlei Senf, natürlich in Dijon

Souvenirs, zum Beispiel in Tournus, ...

Dosen aus Flavigny [s. S. 113] , **Honig** aus dem Morvan, hausgemachte **Konfitüren** und **Obstsäfte**.

Ladenöffnungszeiten

Es gibt keine strenge Regelung wie in Deutschland, doch herrscht meist eine örtliche Übereinkunft unter den Geschäften. Daher ist über die Mittagszeit auch in Stadtzentren alles geschlossen (12–14 Uhr), abends aber in der Regel bis 19 Uhr geöffnet (auch Sa). Supermärkte am Stadtrand haben eigene Öffnungszeiten, einige halten mittags geöffnet, und in großen Städten gibt es selbst um Mitternacht Einkaufs-Chancen. **Bäcker** haben wieder eigene Zeiten, auch am Sonntagmorgen kaufen Franzosen ihre frischen Baguettes. Montags allerdings erscheinen Geschäftsviertel seltsam unbelebt, Lebensmittel- und andere Läden haben dann ihren Ruhetag.

Märkte

Die **Wochenmärkte** sind immer eine Augenweide und mit ihrem Angebot voll ländlicher Frische besonders zu empfehlen, wenn man im Ferienhaus kocht (die Wochentage für die einzelnen Orte erfährt man in den Fremdenverkehrsämtern).

Weinproben

›Dégustation‹ liest man an vielen Toren, wenn man durch die Dörfer mit den berühmten Lagennamen fährt. Wo beginnen, wie eine kluge Auswahl treffen?

Burgundische Speisekarte

Wenn ein ›Menu de terroir‹ angekündigt wird, handelt es sich um burgundische Spezialitäten.

Les Entrées *(Vorspeisen, wichtiger Bestandteil eines Menus)*
Jambon Persillé (gekochter Schinken in Petersiliensülze); Œufs en Meurette (verlorene Eier in Rotweinsauce); Escargots (Weinbergschnecken). Mit dem Zusatz ›de Bourgogne‹ kommen sie tatsächlich aus Burgund, ›à la Bourguignonne‹ heißt, daß sie importiert sind; Gougères (salzige kleine Windbeutelkrapfen mit Käse).

Les Viandes *(Fleisch)*
Vorzüglicher Fleischlieferant ist das weiße **Charolais-Rind**, *das man – sehr malerisch – überall auf den Weiden sieht, eine stämmige, jahrhundertealte Rinderart. Vielerorts ist die Viehhaltung noch althergebracht und tiergerecht.*

Bœuf bourguignon (geschmortes zartes Rindfleisch, mit Marc de Bourgogne gewürzt); Côte de Bœuf (Rinderlende); Rumpsteak (à point oder medium = halb durchgebraten, im Innern rosa; bien cuit = gut durchgebraten); Pot au feu (Rindfleisch-Gemüse-Eintopf).

Les Volailles *(Geflügel)*
Die Bresse [Nr. 9] im östlichen Teil von Burgund ist für ihr vorzügliches Geflügel bekannt. Auf den Märkten erstaunt die Vielzahl von Geflügel im Angebot – sieben verschiedene Arten von Brathühnern zum Beispiel, und nicht ein gefrorenes darunter!

Coq au vin (Hähnchen in Weinsauce); Poulet à la crème (Huhn in einer Sauce aus Weißwein und crème fraîche).

Les Poissons *(Fisch)*
Aus den Flüssen und Seen kommt herrlicher Süßwasserfisch: von Aal bis Zander in vielen köstlichen Zubereitungen, etwa la pôchouse, ein Flußfischragout, das in Chalon-sur-Saône, aber nicht nur dort, zu den kulinarischen Spezialitäten gehört.

Les Fromages *(Käse)*
Das Angebot – aus Kuh- und aus Ziegenmilch – ist duftend und verlockend. Entdecken Sie die örtlichen Spezialitäten, den Epoisses zum Beispiel, der nur in diesem Ort gedeiht, oder den Cîteaux, den die Mönche bereiten.

Les Desserts *(die süßen Sachen)*
Lebkuchen aus Dijon, Kirschkuchen aus Paray-le-Monial, Nougatinen aus Nevers, ganz schwarze Schokolade aus La Clayette, Honig aus dem Morvan – bis zum ›Muß‹ der Mousse ist kein Ende der verführerischen Liste. Probieren Sie selbst.

Les Vins *(Weine, s. a. hintere Umschlagklappe)*
Die hochberühmten und besten Burgunderweine wachsen an der **Côte de Beaune** *(elegante Rotweine aus der Pinot-noir-Traube, große Weißweine) und an der* **Côte de Nuits** *(vollmundige Rotweine). Die Weine der* **Hautes-Côtes**

Eßbare Weinbergschnecken (les escargots de Bourgogne) gehören zur burgundischen Küche, auch wenn sie heute meist aus Osteuropa kommen

Diese Flaschen sind leer, die vollen liegen im Keller – da ist ihnen das Klima bekömmlicher

sind gut und kräftig, aber trotz ihres Namens nicht etwa höher einzustufen als die der beiden ›Côtes‹.

Südlich schließt die **Region Chalon** *mit delikaten Rot- und Weißweinen an, wieder südlich das* **Mâconnais** *mit aromatischen Weißweinen und einigen kräftigen Rotweinen.*

Östlich von Auxerre [Nr. 31] dehnen sich die Rebhänge von **Chablis** *übers hügelige Land. Von dort stammen berühmte trockene Weißweine aus der Chardonnay-Traube. Frische Rot- und Weißweine verkostet man an den* **Côteaux de l'Auxerrois** *(südlich von Auxerre). Kenner schätzen die Weine des* **Loire-Ufers** *nördlich von Nevers, der Pouilly-Fumé ist seines Aromas wegen hochangesehen.*

Außer den erwähnten Rebsorten wird in Burgund die rote **Gamay-Traube** *angebaut, die nur auf Granitböden ihre besten Eigenschaften entfaltet (darum herrscht sie im Beaujolais vor, das Gebiet gehört historisch, aber nicht nach heutigen Grenzen zu Burgund). Die weiße* **Aligoté-Rebe** *bringt angenehmen, leichten Wein hervor.*

Bei der Weinauswahl zum Essen wird überall gern beraten.

Weitere Spezialitäten: Crémant *(Schaumwein);* **Marc de Bourgogne, Fine de Bourgogne** *(hochprozentige Trester-Destillate, in Eichenholzfässern gereift);* **Crème de cassis** *(Likör aus schwarzen Johannisbeeren, s. a. S. 23).*

Welche Weine werden angeboten, wie kann man sich verständigen, was ist der Mindestpreis pro Flasche? Die Fragen beantwortet ein inhaltsreicher Faltprospekt **›De Vignes en Caves‹** (5 FF, auch auf deutsch: **›Von der Kelter in den Keller‹**, Comité Régional du Tourisme/Bureau interprofessionnel des vins de Bourgogne) mit 200 ausgewählten Adressen für Weinproben in allen burgundischen Weingebieten, auch mit Öffnungszeiten und Gebühren (häufig gratis). Noch ausführlichere Degustations-Weinkunde bietet der **›Guide de Caves‹** (dreisprachig), herausgegeben vom Comité Régional du Tourisme.

Die Preise für die **Premiers crus**, erst recht für die **Grands crus**, die besten auserlesenen Lagen, sind hoch, fast ohne Obergrenze. Nicht gar so berühmte, aber doch auch schmackhafte ehrliche Weine lassen sich schon für umgerechnet deutlich unter 20 DM pro Flasche erstehen. Große Auswahl an Weinen der jeweiligen Region bieten die **Maisons du vin** in *Marey-les-Fussey* (Hautes-Côtes), *Chalon-sur-Saône* [Nr. 8], *Mâcon* [Nr. 11] und der **Marché aux vins** in *Beaune* [Nr. 5].

Die Office de Tourisme in Dijon [Nr. 1] und Beaune organisieren **Busfahrten zu Weinproben**. So kann man seinen Wagen beim Hotel stehen lassen. **Weinseminare** im Schnellkurs von zwei Stunden bis zu einer vollen Woche veranstaltet u. a. ›L'Ecole du Vin du Bureau Interprofessionnel des Vins de Bourgogne‹ in Beaune (12, bd Bretonnière, 21200 Beaune, Tel. 03.80.24.70.20, Fax 03.80.24.69.36).

Essen und Trinken

Nirgendwo sonst in Frankreich gibt es eine solche Dichte und Vielfalt von **Feinschmeckerlokalen** wie in Burgund. Die Konkurrenz hebt auch das allgemeine Niveau. Fast jeder Wirt hält darauf, beste Qualität, besonders was die Frische von Fleisch, Fisch und Gemüse anbelangt, auf den Tisch zu bringen. In Frankreich ist Essen eine wichtige Angelegenheit in entsprechendem Rahmen, darum sind in fast allen Restaurants die Tische mit Tischtüchern, Stoffservietten und Weinkelchen gedeckt – Holztisch und -bank à la Bräustüberl wird man kaum finden.

Dijon, im Hochsommer: Folklore-Fest

Die Preise

Es werden drei- bis fünfgängige Menus angeboten, deren billigstes ungefähr 30 DM kostet (ohne Getränke). Beim **›Menu Gourmet‹** ist man schnell beim Doppelten oder Dreifachen, aber für umgerechnet 40–50 DM wird man in guten Häusern schon sehr angenehm verköstigt. Wo die in diesem Führer ausgewählten Restaurants teurer sind, finden Sie entsprechende Hinweise. Allgemein gilt: Wer à la carte speist, zahlt für zwei Gänge meist mehr als für das preiswerteste Menu.

Viele genießen eine üppige Speisenfolge nur einmal am Tag. Wenn man mittags schnell etwas Warmes möchte, geht man in eine Brasserie oder in ein Bistro-Café. Anderswo gibt es die **›Table d'hôtes‹** kaum mehr, aber von den burgundischen Wirten der ›Chambre d'hôtes‹ wird sie ihren Gästen vielerorts angeboten: Man ißt das Menu des Hauses mit den anderen Gästen zusammen an langer Tafel, und wer etwas französisch versteht, erfährt dabei an einem Abend mehr über Land und Leute als an allen anderen Reisetagen.

Reichlich und gut essen kann man auch in den **›Fermes-auberges‹**: rustikale Speisen und manchmal auch Weine aus eigenem Anbau. Adressen dieser Bauernhof-Lokale, die oft nur am Wochenende öffnen, gibt es bei den Fremdenverkehrsämtern. Ob Ferme-auberge oder Drei-Sterne-Restaurant: **Reservierung** empfiehlt sich überall.

Wenn nicht anders angemerkt, gelten die unter den ›Praktischen Hinweisen‹ im vorderen Teil des Buchs genannten Hoteladressen in aller Regel auch als Restaurant-Empfehlungen.

Feste und Feiern

Feiertage

Gesetzliche Feiertage für ganz Frankreich sind: 1. Jan. – Neujahr, Ostermontag, 1. Mai – Tag der Arbeit, 8. Mai – Waffenstillstand 1945, Christi Himmelfahrt, 14. Juli – Nationalfeiertag, 15. Aug. – Mariae Himmelfahrt, 1. Nov. – Allerheiligen, 11. Nov. – Waffenstillstand 1918, 25. Dez. – Weihnachten.

Festkalender

Der burgundische Kalender ist übervoll besetzt mit volkstümlichen und religiösen Festen, mit Märkten, Messen und Musikveranstaltungen. Auskünfte über alle Termine erhält man bei den Office de Tourisme. Wichtige Feste im Jahreslauf:

Januar
St-Vincent-Tournante, großes Fest im Namen des Schutzpatrons der Winzer, jedes Jahr in einem anderen Weinort, am Samstag nach dem 22. Jan.

Februar/März
Carnaval, zu Fastnacht Straßenkarneval, vor allem in Chalon-sur-Saône und Auxonne.

März
Les Grands Jours de Bourgogne, Weinpräsentation. Verkostung und Verkauf, in Dijon und Beaune Ende März.

Mai
Foire des Vins de France, große französische Weinmesse in Mâcon; **Journées Gourmandes**, Messe für Feinschmecker in Saulieu; **Montgolfiades** (Heißluftballons) zu Pfingsten in Chalon-sur-Saône; **Fêtes médiévales** Ende Mai in Semur-en-Auxois (Kostümfestzüge, Ringstechen der Reiter); **Wallfahrt Sacré-Cœur** Ende Mai in Paray-le-Monial.

Juni
Johannisfeuer in Mont-St-Vincent am Wochenende nahe dem 24. Juni; **Grand Pardon des Mariniers** in St-Jean-de-Losne (Segnung der Flußschiffe mit Jahrmarkt);

Sommerkonzerte in Dijon und Tournus; **Großer Preis der Formel 1** in Magny-Cours bei Nevers.

Juli

Rencontres international de Musique Baroquet et Classique de Beaune (Konzerte); andere Feste klassischer Musik in Meursault und Autun; **Paraden und Feuerwerk** an vielen Orten am Nationalfeiertag 14. Juli; **Festival national des artistes de rue** (Artisten und Straßenkünstler) in Chalon-sur-Saône, zweite Julihälfte; **Pélerinage de Madeleine** in Vézelay, 22. Juli; **Spectacle historique au Château Fargeau** (Historische Kostüme), bis August.

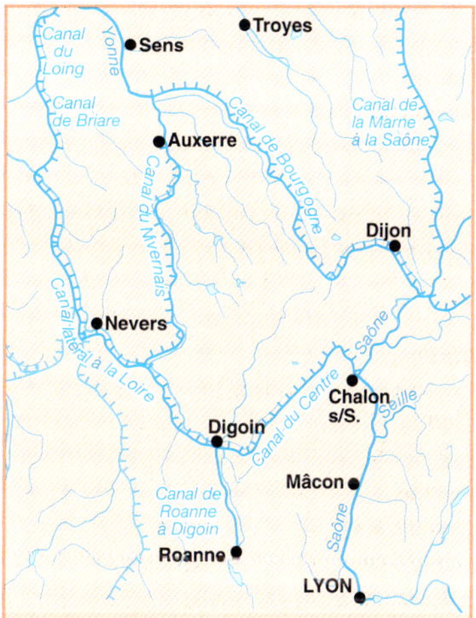

Kanäle gibt es genug, um Burgund auf eine sehr beschauliche Art kennenlernen zu können

Urlaub auf Burgunds Kanälen

Fast 1200 km lang sind Burgunds Wasserstraßen – ein Netz von **acht Kanälen** *und mehreren schiffbaren Flüssen, das allsommerlich Hunderte von Freizeitkapitänen befahren. An den rot eingezeichneten Orten finden Sie die wichtigsten Dienstleistungen wie Treibstoff- und Lebensmittelverkauf oder Gelegenheit, das eigene Boot zu Wasser zu lassen. Die Schleusen sind fast sämtlich nach dem Freycinet-Maß ausgelegt (38,50 m x 5,20 m), nur im Canal du Nivernais sind sie zwischen Cercy-la-Tour und Sardy kleiner.*

August

Festival Musical des Grands Crus ›Les Grandes Heures‹ (Musik und Wein) in Cluny; **Assomption** (Mariä Himmelfahrt) mit Feuerwerk und Umzügen an vielen Orten; **Fête du Grand Morvan**, Markt, Volksmusik, **Radrennen**, in St-Leger-sous-Beuvray und Anost; **Fête du Charolais**, Jahr- und Viehmarkt in Saulieu.

August/September

Folkloriades International et Fêtes de la Vigne (Folklore und Volkstanz), Dijon.

Oktober

Foire internationale et gastronomique, Gastronomie-Messe in Dijon.

November

Les Trois Glorieuses, Burgunds großes Weinfest, das in Nuits-St-Georges (mit Kapitelsitzung der ›Chevaliers du Tastevin‹ im Clos de Vougeot), in Beaune mit der traditionellen Versteigerung der Hospiz-Weine und in Meursault mit dem Festbankett ›La Paulée‹ gefeiert wird.

Klima und Reisezeit

Im frischen Maigrün und in Herbstfarben ist Burgund am schönsten zu erleben! **Juli** und **August**, die Ferienmonate der Franzosen, können recht heiß werden. Das **Frühjahr** ist, wie in vielen deutschen Weinbaugebieten auch, milde. Allerdings ist Burgund den atlantischen Störungen und den Mittelmeertiefs ausgesetzt, die noch im Mai kühlen Regen bringen können. Je nach Großwetterlage erlebt man das Land dann sommerlich oder sehr frisch. Der **Herbst** ist die regenarme Zeit, bei rascher Abkühlung im Oktober. Die **Winter** sind mild, schneearm und feucht. Das ganze Jahr über nützlich: warme Wollkleidung für kalte Abende.

Kultur live

Theater wird vor allem in größeren Orten gespielt. Viele attraktive **Konzerte** – klassische Musik, Volksmusik, Jazz – werden auch in kleineren Ortschaften angeboten, mit international besetzten Gastspielen (siehe Ortskapitel und Festkalender). Informationen über das aktuelle Angebot erteilen die Office de Tourisme.

Im Ballon über der Gegend von Beaune ...

Museen, Sammlungen, Kirchen

Das Wichtigste aus der großen Fülle des Sehenswerten ist in den Ortskapiteln beschrieben, gegebenenfalls mit Öffnungszeiten (die sich allerdings manchmal ändern können). Sehenswerte Dorfkirchen sind – außer zwischen 12 und 14 Uhr – meist geöffnet.

Sport

Für sportlichen Urlaub und für Menschen, die sich gern bewegen, ist Burgund eine gute Wahl. An erster Stelle steht das **Wandern**, zu Fuß, mit dem **Touren- oder Geländefahrrad** (VTT – vélo tout terrain) und zu Pferd. Viele ländliche Hotels bieten **Tennisplätze**, die **Golfplätze** sind zahlreich, **Angler** finden gute Möglichkeiten an den Morvan-Seen, aber auch an Flüssen und den vielen Kanälen. In den Morvan-Seen ist **Baden** fast überall erlaubt, und wer lieber an einem Waldrand als in einer Badeanstalt ins Wasser geht, ist hier in seinem Element. Für **Kanufahrer** und andere Wassersportler, für **Felsenkletterer**, sogar für die **Heißluftballonfahrer** gibt es Plätze und Angebote.

Wassersport bedeutet **Segeln** und **Windsurfen** (auch auf der Saône und der Yonne), heißt in Burgund aber auch **Wasserski** (zehn Clubs an den Flüssen und am Lac des Settons), **Rafting**, Schwimmen in **Wildwassern** (auf einer Art Schlitten) und **›Tubing‹** auf einer großen Boje. Die **›Fédération Française de Canoe-kayak‹** bietet in ihren Zentren Ausbildung, Tages- und Langstreckenfahrten an. Kanusport auf der Loire ist eher undramatisch. Im Sommer werden jedoch öfters Wasserläufe im Morvan gestaut und dann die Wehre geöffnet: **Wildwasser** wie auf Bestellung, speziell für Kajakfahrer und Rafting.

Top Tip

Auskunft, Adressen und Faltblätter privater Veranstalter sind bei den Offices de Tourisme der vier Départements [s. S. 129 f.] zu haben.

Für Auskünfte speziell zum Wandern, auch mit Führung, zum Radwandern, Wandern zu Pferde und zu Wander-Rundwegen wendet man sich an die **Maison du Parc Naturel Régional** [s. S. 124] und an die **Maison de la randonnée**, 9, rue des Portes Mordelaises, 35000 Rennes, Tel. 03.99.65.51.09, Fax 03.99.30.02.96.

Sprachführer

Im Gespräch

bitte	s'il vous plaît
danke	merci
Gern geschehen	Je vous en prie
Ich hätte gerne	J'aimerais
Ich möchte	Je voudrais
Wie bitte?	Comment?
Sprechen Sie deutsch?	Parlez-vous allemand?
Ich verstehe nicht	Je ne comprends pas
Bitte schreiben Sie es auf	Veuillez bien me l'écrire?
Haben Sie?	Avez-vous?
Was kostet das?	Combien ça coûte?

... oder per Rad unterwegs bei Ozenay an der Côte d'Or

billig/teuer	bon marché/cher
Ich habe bei Ihnen ein Zimmer bestellt	J'ai retenu chez vous une chambre
Reservieren Sie mir bitte für ... Uhr einen Tisch für ... Personen	Pouvez-vous me retenir une table à ... couverts pour ... heures?
Die Rechnung bitte	L'addition, s'il vous plaît

Orientierung

links	à gauche
rechts	à droite
geradeaus	tout droit
Ausgang	sortie
Wo ist ...?	Où est ...?
Welche Linie muß ich nach ... nehmen?	Quel ligne dois-je prendre pour ...?
Fahren Sie nach ...?	Est-ce que vous allez à ...

Französisch für Notfälle

Können Sie mir helfen?	Pouvez-vous m'aider?
Wo ist die nächste Polizeiwache?	Où est le commissariat de police le plus proche?
Meine Brieftasche/ Handtasche/Paß ist gestohlen worden	On a volé mon portefeuille/sac à main/passeport
Ich habe ... verloren	J'ai perdu ...
Ich brauche einen Arzt/Zahnarzt	Il me faut un médecin/dentiste
Ich habe hier Schmerzen	J'ai mal ici
Ich habe eine Autopanne	Ma voiture est en panne

Im Ort/Sehenswürdigkeiten

abbaye	Abteikirche
autel	Altar
butte	Hügel
château	Schloß
cloître	Kreuzgang
côte	Berghang, Anhöhe
couvent	Kloster
donjon	wehrhafter, bewohnter Hauptturm einer Burg
église	Kirche
étang	Teich
ferme	Bauernhof
ferme-auberge	Bauernhof mit Gaststätte
folie	Lustschloß, Verrücktheit
gare	Bahnhof
gare routière	Busbahnhof
gorge	Schlucht
hôtel	Hotel; aber auch: Stadtpalais (hôtel particulier)
hôtel de ville	Rathaus
monastère	Kloster
puits	Brunnen
quartier	Stadtviertel
rempart	Stadtmauer
saut	Wasserfall
sentier	Weg
source	Quelle
square	kleiner Park

Im Verkehr

danger (de mort)	(Lebens-) Gefahr
dangereux	gefährlich
déviation	Umleitung
gravillons	Rollsplitt
impasse	Sackgasse
limitation de vitesse	Geschwindigkeitsbegrenzung
passage interdit	Durchfahrt verboten
passage protégé	Vorfahrtsstraße
priorité (à droite)	Vorfahrt (von rechts) beachten
ralentir, ralentissez	langsam fahren
route barrée	Straße gesperrt
sens unique	Einbahnstraße
serrez à gauche	links fahren
toutes directions	alle Richtungen
travaux, chantier	Bauarbeiten, -stelle
virage	Kurve
voie unique	einspurig

Statistik

Lage: Zwischen Loire, Seine und Saônebecken ist Burgund seit je ein wichtiges Durchgangsland mit historischen Verkehrswegen von Paris zum Oberrhein und ins Rhônetal. Im Süden reicht **Hoch-Burgund** vom Jura im Osten bis zum Morvan im Westen. Nach Norden erstreckt sich **Niederburgund** bis zum Pariser Becken, dessen Schichtstufen im Osten mit den Hängen der Côte d'Or, den Monts du Charolais und den Monts du Mâconnais Frankreichs edelste Weine hervorbringen.

Bevölkerung/Fläche: Mit 31 592 km^2 ist Burgund annähernd so groß wie das Bundesland Baden-Württemberg, jedoch mit 1,6 Mio. Einwohnern weitaus dünner besiedelt (B.-W.: über 9 Mio).

Komfortable Traditionsadresse in Cluny: das Hôtel de Bourgogne, gleich bei der Abteikirche

Verwaltung: Als politische Einheit existiert Burgund erst wieder seit 1972. Damals wurden die vier Départements Côte d'Or, Saône-et-Loire, Nièvre und Yonne zur ›Région Bourgogne‹ zusammengeführt, mit der Hauptstadt Dijon. Der Versuch, die Bourgogne mit der Franche-Comté zu einer Region zu vereinen, wurde aufgegeben.

Wirtschaft: Jeder kennt Burgund als gelobtes Land des Weins, man weiß vom Bresse-Geflügel und von Charolais-Rindern. **Landwirtschaft** prägt auch heute gemeinsam mit der **Forstwirtschaft** – ein Drittel der Region ist bewaldet – das Bild Burgunds, und um den Gebirgsstock des Morvan dehnen sich vor allem im Norden und Westen riesige Getreidefelder.

Als Wirtschaftsfaktor steht die Landwirtschaft jedoch weit hinter der **hochspezialisierten Industrie** (etwa ein Drittel der Arbeitnehmer) und hinter dem dominierenden **Dienstleistungssektor** zurück. In den achtziger Jahren ging die Ära der burgundischen Schwerindustrie um Le Creusot zu Ende. Die Konversion zur **High-Tech-Produktion** verlief zwar erfolgreich, konnte aber steigende Arbeitslosigkeit nicht verhindern. Um so willkommener sind Touristen.

Unterkunft

Die Sterne vor den Hotelnamen in den Ortskapiteln entsprechen Preiskategorien für ein Doppelzimmer (in der Regel ohne Frühstück), umgerechnet in DM:

**** über 150 DM, bei besonderem Luxus deutlich höher
*** 120–150 DM
** 80–120 DM
* bis 80 DM

Einzelzimmer werden kaum angeboten, eine Person zahlt für das Zimmer mit großem Bett soviel wie zwei. Sowohl die örtlichen Offices de Tourisme als auch die der Départements geben eigene **Hotelverzeichnisse** mit aktuellen Preisen heraus (Adressen s. ›Tourismusämter‹, S. 129 f.). Preisgünstige Hotels mit verläßlichem Standard sind z. B. die unter dem Namen **›Logis de France‹** zusammengeschlossenen Häuser, auf der teuren Seite findet man u. a. die Hotels der Kette ›Relais et Châteaux‹.

Chambres d'hôtes sind private Gästezimmer, oft auf Bauernhöfen, aber auch auf Burgen und Schlössern in schönster Landschaft, seltener in der Stadt. Es gibt sie in **drei Güteklassen**, die oberste kann sogar luxuriös sein. Frühstück ist meist im Preis inbegriffen, oft wird den Hausgästen angeboten, an der **›table d'hôte‹** gut und preisgünstig zu essen und Wein aus eigenem Anbau zu genießen. Einen Katalog mit allen Angaben verteilt das Comité Régional du Tourisme (s. S. 130). Wegen der meist geringen Zimmerzahl besonders frühzeitig reservieren!

Gîtes ruraux sind Ferienhäuser auf dem Lande, die meist nur für volle Wochen vermietet werden.

Gîtes d'étape sind Unterkünfte für Wanderer, oft in Mehrbettquartieren ähnlich einer Jugendherberge.

Außer den Feriendörfern (**Villages de vacances**, vor allem für Familien) gibt es **Jugendherbergen** mehrerer Organisationen, Adressen bei den Tourismusämtern der Départements [s. S.129 f.].

Campingplätze mit gutem Komfort findet man an sehr vielen Orten. Im Juli/August empfiehlt sich unbedingt Reservierung. Viele gute Adressen nennt der ADAC-Campingführer Südeuropa. Wildes Camping ist verboten, Camping auf Privatgrund (Bauernhof) nach Vereinbarung mit dem Eigentümer gestattet.

Auskunft und Adressen für die Gîtes, die Villages de vacances, die Jugendherbergen und die Campingplätze geben die örtlichen und Départements-Offices de Tourisme (für einige Gebiete auch Broschüren mit Preisen). In Deutschland erhält man Auskunft bei der **ADAC-Reise GmbH**, 81365 München, Tel. 089/76766167, Fax 76766155, zu den Jugendherbergen auch beim **Deutschen Jugendherbergswerk**, Bismarckstr. 8, 32756 Detmold, Tel. 05231/74010, Fax 740149.

Hotelschiffe sind etwas anderes als Hausboote und bieten Luxuskreuzfahrten durch Burgund an, für umgerechnet zwischen 1800 DM und 5000 DM pro Person und Woche, eingeschlossen Vollpension, Weinkeller und Exkursionen, Auskunft: Comité Régional du Tourisme de Bourgogne (s. S. 130).

Verkehrsmittel im Land

Eisenbahn

Innerhalb Burgunds verbinden Bahnlinien die größeren Städte. ›**Rapides**‹ entsprechen etwa unseren Eil- oder Interregiozügen, ›**Directs**‹ den Eilzügen, ›Autorails‹ den Personenzügen. An den Informationsschaltern der Bahnhöfe erhält man über Zugverbindungen auch ausgedruckte Auskunft.

Bus

Das Linienbusnetz ist weitmaschig und kaum flächendeckend, auf dem Land fahren die Busse oft nur zweimal täglich. Wer ohne eigenen Wagen viele Sehenswürdigkeiten besuchen will, verläßt sich in Burgund nicht auf öffentliche Verkehrsmittel, fragt besser bei Fremdenverkehrsämtern nach organisierten Bus-Rundfahrten.

Mietwagen

Die gängigen Autovermieter sind in allen größeren Orten zu finden. Die **ADAC Autovermietung GmbH** bietet Mitgliedern Mietwagen zu günstigen Konditionen an. **Buchungen** in jeder ADAC-Geschäftsstelle oder bei der zentralen Reservierung unter Tel. 01 30/81 81 81 oder 0 18 02/31 81 81 (zum Ortstarif).

Boot und Fahrräder: eine ideale burgundische Urlaubskombination

Fahrrad

Burgund ist sehr **fahrradfreundlich**: Straßen mit wenig Autoverkehr, Wald, schöne Rastplätze, wenig steile Hügel. Leihräder sind in vielen Orten zu haben, auch auf Campingplätzen. Die Offices de Tourisme der Départements (zum Beispiel in Auxerre [Nr. 29]) vermitteln Veranstalter-Adressen für Radtouren mit Gepäckbeförderung und vorausgebuchten Quartieren.

Hausboote

Die burgundische Spezialität: **Ferien auf den Kanälen** ist so beliebt, daß die Boote – eingerichtet wie Wohnwagen verschiedener Komfortklassen – oft schon weit im voraus ausgebucht sind. Die meisten darf man ohne Boot-Führerschein lenken, bei beschaulichem Tempo und je nach Schleusenzahl bringt man es in einer Woche im Durchschnitt auf 150 km. Manche Kanäle (Canal du Nivernais, Canal de Bourgogne) haben kaum noch kommerziellen Verkehr, aber viele Schleusen und verträumte Ufer. Von Mitte November bis Mitte März werden die Kanäle in der Regel geschlossen. Alles Wissenswerte sowie einen Vermittlungs-Coupon enthält das Heft ›**Auf Wasserstraßen durch Burgund**‹ des Comité Régional du Tourisme de Bourgogne (s. S. 130).

Register

Bildnachweis

Conservation Départementale des Musées, Nevers 126 unten – *Alain Doire, Couchey* 132 – *Friedrich Gier, Bonn* 23, 28, 29 unten, 31, 36/37, 69, 72 unten, 80, 81, 98, 102, 106/107 – *Christian Heeb, St. Gallen* 6/7 (3), 11 unten, 20, 21, 26, 29 oben, 32, 36 unten, 40 oben, 45, 47, 48, 49 (2), 50, 53, 54, 55, 61 unten, 62, 66 unten, 70, 71, 72 oben, 77, 82, 83, 84, 85, 87, 92, 95, 96 (2), 98/99, 104, 105, 110, 111, 113, 117, 118 (3), 123, 124, 127, 128 Mitte rechts, 131 unten, 136 unten, 138, 139 – *Dieter Herbrecht, München* 5 rechts – *laif, Köln (Paul Hahn)* 16/17, 115, 136 unten – *Sabine Leutenegger-Nitzschke, Wil* 51 – *Michael Neumann, Feldafing* 8/9 (3), 10, 38, 52, 58 oben, 60, 66 oben, 73, 78, 90 Mitte, 112, 116, 120 (2), 126 oben, 128 unten – *Arthur Thill Productions, München* 74 – *Martin Thomas, Aachen* 5 links, 11 oben, 19, 22, 24, 27, 33, 34, 35, 42 (2), 43, 44, 57 (2), 58 unten, 59, 61 oben, 63 (2), 64, 79, 86 (2), 89, 90 oben und unten, 91, 94, 100, 101, 122, 128 Mitte links und oben, 131 (2), 133, 134, 136 oben

ADAC SPECIAL
Himmel auf Erden
COTE D'AZUR PROVENCE

ADAC SPECIAL
Florida: Liebe auf den ersten Blick
Miami - heiß und nice
FLORIDA

ADAC SPECIAL
So sind sie, meine Franken
FRANKEN

ADAC SPECIAL
Grüne Insel ewig jung
Vier Löcher für ein Halleluja
IRLAND

ADAC SPECIAL
Sonne, Spaß und tolle Typen
Sea World, Disneyland und Hollywood
KALIFORNIEN

ADAC SPECIAL
Singing Swinging Shopping
LONDON

ADAC SPECIAL
Die 33 schönsten Strände
MALLORCA

ADAC SPECIAL
Unsere liebste Stadt
MÜNCHEN

ADAC SPECIAL
Eine Stadt Paris wie Parfum
PARIS

ADAC SPECIAL
Milde Algarve, wilder Atlantik: Portugal
PORTUGAL

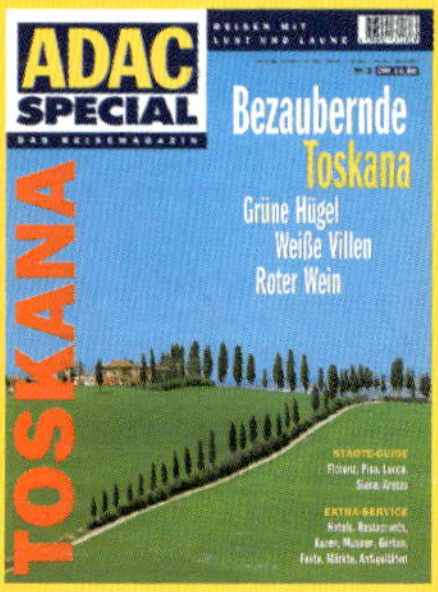
ADAC SPECIAL
Bezaubernde Toskana
Grüne Hügel
Weiße Villen
Roter Wein
TOSKANA

ADAC SPECIAL
Arizona, Colorado, Utah, New Mexico
Casino-Metropole Las Vegas
USA SÜDWEST

ADAC SPECIAL
VENEDIG

In der ADAC-Reiseführer-Reihe sind erschienen:

Barcelona
Berlin
Brasilien
Bretagne
Brüssel
Budapest
Burgund
Côte d'Azur
Dresden
Florenz
Gardasee
Gran Canaria
Hamburg
Irland
Israel
Italienische Adria
Karibik
Köln
Kreta
Loire
London
Mallorca
Mecklenburg-Vorpommern
München
Neuengland
New York
Norwegen
Oberbayern
Paris
Peloponnes
Portugal
Prag
Provence
Rom
Salzburg
Schottland
St. Petersburg
Südtirol
Tessin
Toskana
Türkei-Südküste
Türkei-Westküste
Ungarn
Venedig
Wien

Weitere Titel in Vorbereitung

Impressum

Umschlag-Vorderseite: Burgundische Dachgestaltung vom Schönsten in Aloxe-Corton an der Côte d'Or
Foto: Friedrich Gier, Bonn

Titelseite: Weinlese in der Nähe von Beaune
Foto: Martin Thomas, Aachen

Abbildungen: siehe Bildnachweis S. 142

Lektorat und Bildredaktion:
Gabriele Ebbecke
Gestaltung: Norbert Dinkel, München
Karten: Wolfgang Mohrbach, München
Reproduktion: eurocrom 4, Villorba/Italien
Satz: Filmsatz Schröter GmbH, München
Druck, Bindung: Spiegel Buch GmbH, Ulm
Printed in Germany

ISBN 3-87003-738-5

Gedruckt auf chlorfrei gebleichtem Papier

Redaktion ADAC-Reiseführer:
ADAC Verlag GmbH, 81365 München